究極のダイエットメソッドで即効ヤセ！

脚からみるみるやせる2週間レシピ

久 優子

“何度もダイエットに失敗！ 間違ったダイエットで肌も心もボロボロに！
そんな私が−15kgのダイエットに成功し、
美脚トレーナーに。すっかり人生が変わりました”

私には１６２㎝、68㎏という「デブ時代」があります。当時は何度もダイエットに挑戦してはリバウンドの日々。あるとき、段差のないところでつまずいたことから足首の硬さに気付きました。

その日以来、毎日足首をまわし、足裏をマッサージし、ふくらはぎ・太ももを揉んでセルライトをつぶしながらマッサージするようになりました。それまでのダイエットは豆腐ダイエットやリンゴダイエット、プロテインダイエットなどの置き換えダイエットばかりでしたが、思うような効果が得られず、何度もリバウンドしていました。

しかし毎日足首まわしを始め、ふくらはぎ・太ももをマッサージしただけで日に日に脚が細くなっていくことを発見したのです。それまでのダイエットでは得られなかった明らかな効果と達成感を感じ、ダイエットはガマンすることではないんだと実感しました。

そしてマッサージをすることが毎日の習慣になり、気付けば、電話をしながら、雑誌を見ながら……いつの間にか自然に身体のどこかを揉むようになっていました。

足首をまわし、脚のマッサージをするようになってまず効果を感じられたのは、脚のむくみが軽減したこと。トイレに行く回数が増え、ふくらはぎがやわらかくなり、だんだんと細くなってきたのです。当時は自己流のマッサージでしたが、今考えるとリンパ節とリンパの流れに沿って、マッサージしていたのです。それがマイナス15㎏のダイエットの成功の秘訣でした。

さらにつま先から脚の付け根、またおなかまわりをマッサージするようになり、ボディメイクができることも発見。自分が理想とする「峰不二子」のフィギュアを見ながらボディメイクマッサージをし、脂肪を寄せ集めて形作る日々。

そんなイメージトレーニングとボディメイクの成果はみるみる目に見え、マッサージが楽しくなってきました。

そんな時、私の父から教わった「美脚の4点」。父は世界の美女を選ぶ「ミス・インターナショナル」の企画・運営の仕事をしていました。世界中の美女を見てきた父ならではの教え。

その父が教えてくれた「美脚の4点」とは、細いだけの脚ではなく、メリハリのあるバランスのとれた脚が美しいのだということ。

それを知ってからは脚をマッサージする時に常に「美脚の4点」を意識するようになりました。毎日脂肪を移動させながら整えるマッサージで、さらにメリハリのある脚のラインになってきた時の喜びは今でも覚えています。

脚が細くなった時に買ったのは、もちろん憧れだったミニスカートでした。二度とリバウンドしたくない！という思いでジャストサイズを購入。そのスカートは一張羅。当時はほぼ毎日はいていました（笑）。

そしてそのスカートで外出した時に、「脚のパーツモデル」にスカウトされたのです。あんなに太っていた私が脚のパーツモデルだなんて、人生何が起こるかわからないですね。

そして結婚・出産を経て、リンパセラピストになるための勉強を始めました。解剖生理学を学び、人体学を学べば学ぶほど、私がダイエットに成功した理由がわかりました。

足首をまわすと、ひざ関節がゆるむことで定位置に戻り、骨盤もゆるんで定位置に収まろうとします。骨盤が整うことで背骨も自然に整い、背骨と繋がっている頸椎（首の骨）も整います。全身が整うことで血流が良くなり、リンパの流れも促進されます。そうすることで自然とやせることができるのです。

人間の身体ってよくできていますよね。私のダイエットは足首の硬さに気付き、足首をまわすことから始まりました。それにより全身のゆがみを改善したことで、血液の流れやリンパの流れの促進につながり、デトックスでき、ダイエットに成功したのです。

サロンを開業して9年。開業当初はいわゆる「リンパマッサージ」のサロンでした。そして開業して半年ほど経ったある時、現在のメソッドにつながる出来事がありました。

その日、お客様のリンパ節をしっかり開き、流れる道を作り、ゴリゴリした老廃物をしっかりほぐしていたところ、「ん？ 流れない？ あれ？ いつもと違う？」と違和感を感じました。その時はちょうどひざから脚の付け根に向かって揉み流していたところだったのですが、どうも流れがスムーズにいかないのです。そこで、股関節をしっかりストレッチしてみました。股関節まわりには23もの筋肉があるのですが、脚を外側に開く、内側に開く、また胸の方に近付けて……と、多方面からしっかりとストレッチしてみたのです。

するとさっきまで揉み流せなかった老廃物がす～っと流れていくのを感じました。そこで気付いたのが、リンパ節を開き、リンパの流れを良くしても、関節が固まり、可動域が狭くなっていたら、どんなにリンパの流れを良くしても思うような効果は得られないということ。特に股関節はリンパが集中しているので老廃物が溜まりやすく、固まりやすいのです。

そこに気付いてからは施術の際は関節という関節をしっかりゆるめ、リンパの流れだけでなく血液の流れや気の流れなども整えるようになりました。そして「関節」はわたしが施術家として大事にしなければいけないキーポイントとなりました。

リンパの流れ、関節のメンテナンス、血液の流れや気の流れなどの調整を行い、本来あるべき姿に戻す…それが現在私が手がける独自のメソッドとなりました。ただの「リンパマッサージ」とは違う、ボディを再構築するメソッド。「RECONSTRUCTION METHOD」です。

私のサロン「美・Conscious ～カラダ職人～」は、開業当初から完全紹介制です。口コミだけで広がった、知る人ぞ知るサロン。キレイになりたい、やせたいと思い、いらっしゃる方も、肩こり、頭痛、腰痛などの身体の不調を改善すべくいらっしゃる方もいます。

私のサロンにはメニューはありません。整骨、リンパドレナージュなどを組み合わせた独自のメソッドで、お客様のその日の状態や、日常生活でついてしまった身体のクセや骨格をチェックし、その時に必要なケアを行います。たとえば、女性特有のむくみには、リンパの流れを良くしながら血流も良くなるようにアプローチ。骨盤のゆがみや背骨のズレなどは、身体の基本である「足首」から整え、すべての関節をゆるめながら調整。身体を巡る体液がスムーズに流れ、健康で美しく、滞りのない身体へと導くようにしています。お客様の全身のバランスが整うまで、何時間でも関節、リンパ、血液の流れを丹念に整えていくので、施術の後はお客様の悩みが解消すると同時に、必ずひとまわりほっそりとしています。

この本では、そんな私がサロンで行う「リンパ」「血液」「関節」へのアプローチと、私が毎日行う「マッサージ＆ストレッチ」をみなさんが自宅で簡単に行えるように2週間のダイエットレシピとして考案しました。自宅でのセルフケアを行うことにより、自分の身体と向き合う時間を作ることができ、その時間を持てば持つほど女性は美しく健康になることができます。「マッサージ」は局所的にアプローチ、「ストレッチ」は広範囲にアプローチするため組み合わせることで効果倍増！なぜなら「マッサージ」はリンパや血液の流れを促進でき、皮膚や筋肉の温度も上げてくれます。さらに体内の毒素や老廃物などを排泄しやすくします。「ストレッチ」は関節の可動域を広げ、普段使わない筋肉を意識的に刺激するので、しなやかで柔軟な身体になることができるのです。

　サロンにいらっしゃるお客様は施術後のすっきり感を持続させたいと私が行うマッサージ＆ストレッチを日々の生活に取り入れています。習慣にできれば日々身体の変化を感じ、健康的に美しく変化していきます。ぜひこの14日間は集中して行っていただき、終わった後も習慣としていただけたら嬉しく思います。

　さぁ、２週間の集中ダイエットレシピのスタートです！

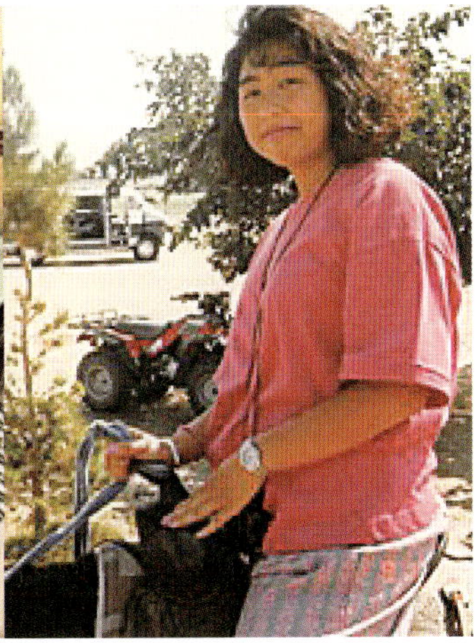

太っている時は自然とカメラを避けていた私。当時の写真はどれも顔がまんまる。まぶたもむくみ、身体は重そう。いろいろなダイエットをしても即リバウンドしてやせたくてもやせることができなかった辛い時期。なぜなら身体の仕組みもダイエットの正しい方法も知らず、間違った知識ばかりを信じていたから。自分の身体と向き合い、身体の声を聞けるようになってからはみるみる変化が！！

CONTENTS

CONTENTS

HOW TO

この本の使い方

２週間で理想の自分になる!! そう決心して２ポーズ毎日行いましょう！

美脚はみんなの憧れ！ そして美しく・健康であることは女性の一生のテーマです。私の考案する「脚からみるみるやせる2週間レシピ」は、毎日２つのポーズを行うことで、身体だけでなく心も変えていくプログラムです。なぜ脚からやせるのかというと、身体の土台である足をケアすることで足のむくみがとれ、脚全体の骨格が整い、脚が細くなり、全身が整ってバランスの良い身体になるからです。人間の骨の１／４の骨は足に集まっています。つまり足は身体の土台・基礎の部分なのです。身体の土台を整えることは全身を整えること、つまりやせることの第一歩です。そう！ ダイエットをしてもリバウンドしてしまったり、ダイエットをしても効果が得られないのは、身体の土台・基礎が整っていないからです。足から整えると全身の骨格やリンパ、血液の流れを調整することができるため、自然と身体が締まってきます。毎日行う2ポーズは、基本的に「マッサージ」と「ストレッチ&エクササイズ」の組み合わせ。この組み合わせだからこそ得られる効果を実感してください。この2週間は食事制限はしなくてもOK。毎日必ず2ポーズ行う時間を自分のために作ってください。

このプログラムを行うにあたり……

２週間レシピの効果をアップさせるために大事なことは、自分の身体としっかり向き合うことです。そして理想の自分を明確にすることも大切です。
理想のスタイルの写真や切り抜きなどをいつも見えるところに貼っておくのもGOOD!!

- **エクササイズは自分のペースで！** 固まった筋肉を徐々にほぐすように無理せずゆっくり行いましょう。
- **「正しい姿勢」が何よりも大切！** 日頃から正しい姿勢をキープしましょう。
- **自然な呼吸を心がける！** 呼吸を意識し、身体の隅々まで新鮮な酸素と栄養を送り込みましょう。
- **1つ1つの動作に意識を集中！** 細かい部分にもきちんと効果を出すために自分の動きを意識しましょう。
- **マッサージは指の腹で！** マッサージする時には指の腹を使い、自重を上手に使って行いましょう。

このポーズをする理由

このポーズでどこにアプローチしているのかを理解しましょう。理解して行うことでより効果がアップします。

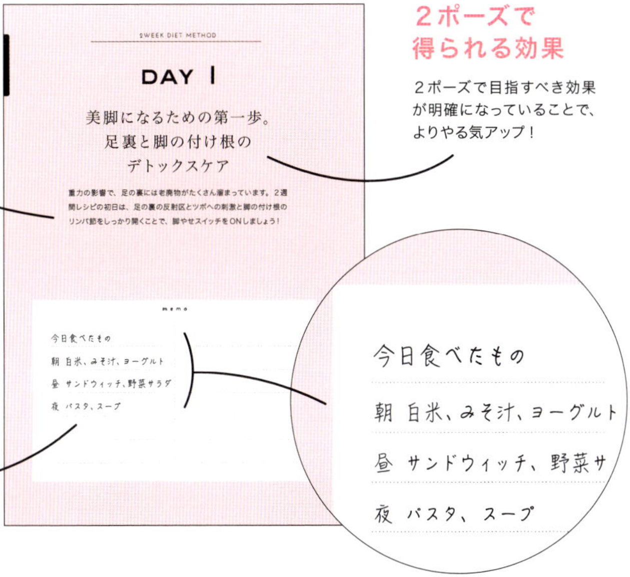

2ポーズで得られる効果

2ポーズで目指すべき効果が明確になっていることで、よりやる気アップ！

MEMO

今日の体調や気分、2ポーズやってみて思ったことなど何でも書いてみて。今後、自分の身体の変化を知る材料になります！

ポーズをする前に確認を！

このポーズで押さえておきたいポイントや注意すること、意識することなどを先にチェック。この3つのポイントはポーズを効果的に行うために覚えておいて。

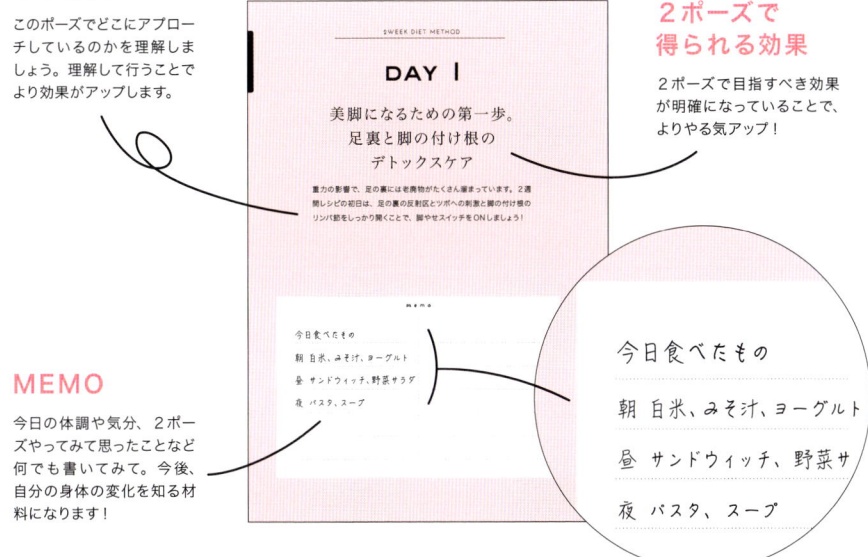

STEP 1. まずは自分のことを知ろう

何をしてもやせない人は、自分の身体を知らないから!!
身体を知れば怖くない!! メリハリのある女性らしいBODY＆美脚を
手に入れるためにまずは自分を知ることから!

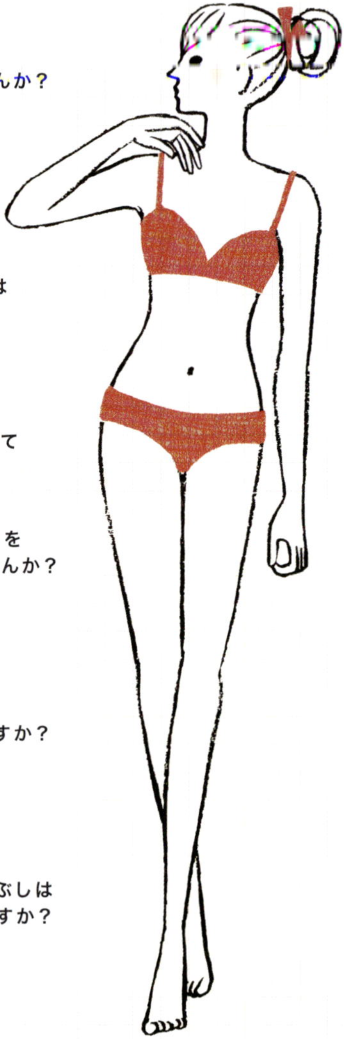

- □ 左右の目の高さが同じですか？
- □ 首が傾いていませんか？
- □ 左右の肩の高さが同じですか？
- □ ウエストのくびれはありますか？
- □ ひじが曲がっていませんか？
- □ 手の平が後ろを向いていませんか？
- □ ひざが左右つきますか？
- □ 骨盤（ウエスト）の高さが左右同じですか？
- □ 左右のくるぶしはついていますか？

From the front

正面からチェック!
鏡に向かってまっすぐ立ってチェックしてみて。

個

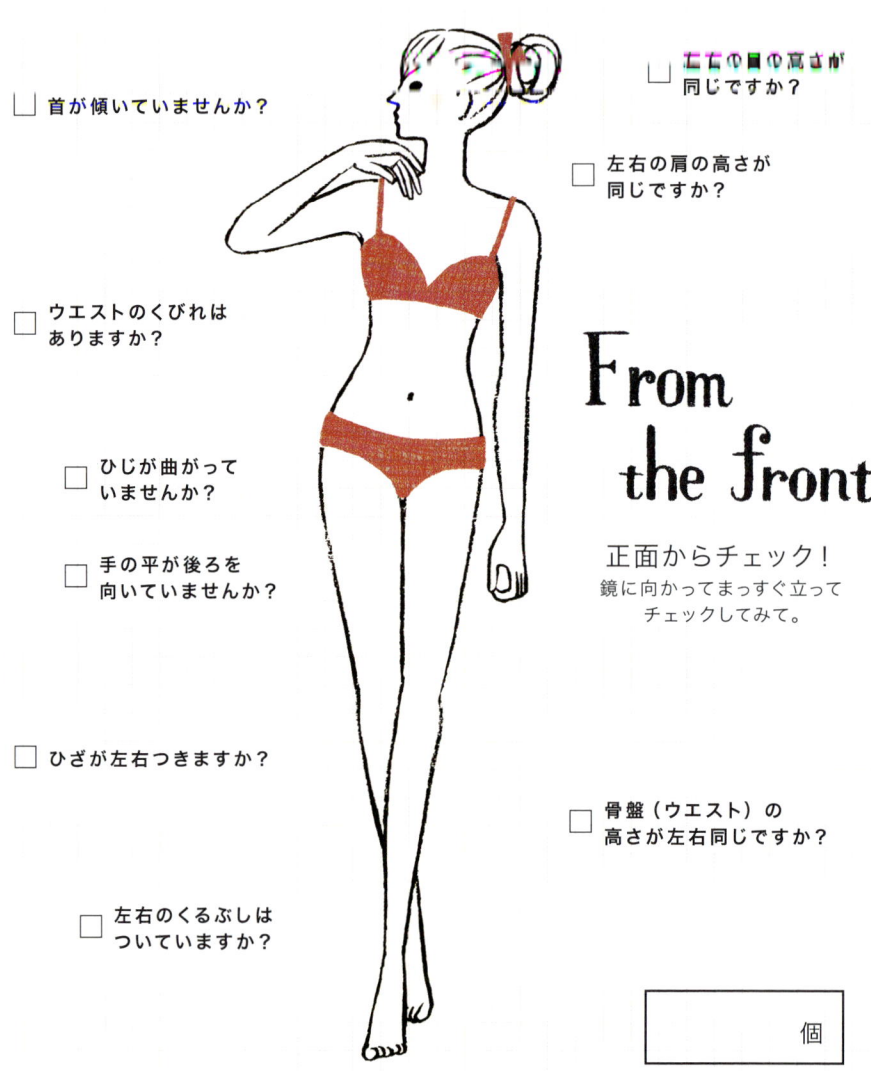

From the side

□ 個

横からチェック！

壁に背中をつけて
チェックしてみて。

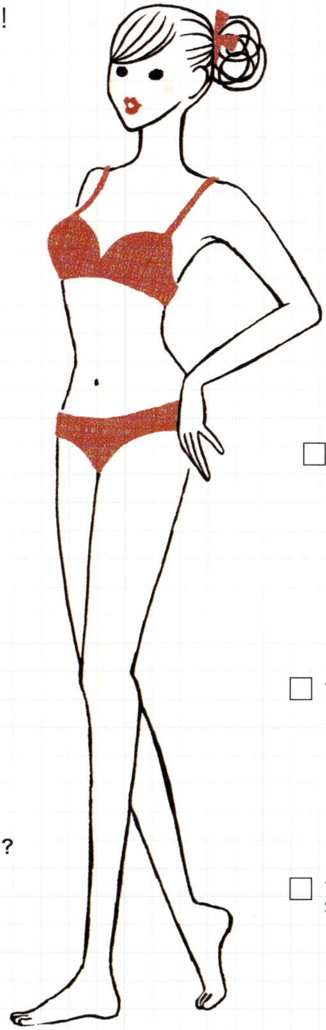

- □ 頭（あご）が前に出ていませんか？
- □ 肩甲骨が壁についていますか？
- □ 肩が前に出ていませんか？
- □ 猫背になっていませんか？
- □ 肋骨が出ていませんか？
- □ 反り腰になっていませんか？
- □ お尻と太ももの境目がわかりますか？
- □ 下っ腹が出ていませんか？
- □ ひざが曲がっていませんか？
- □ ふくらはぎは壁についていますか？

☑ チェックが付いたところは直すように意識しましょう。
2週間後にもチェックしてみて。確実にチェックの数が減っているはず。

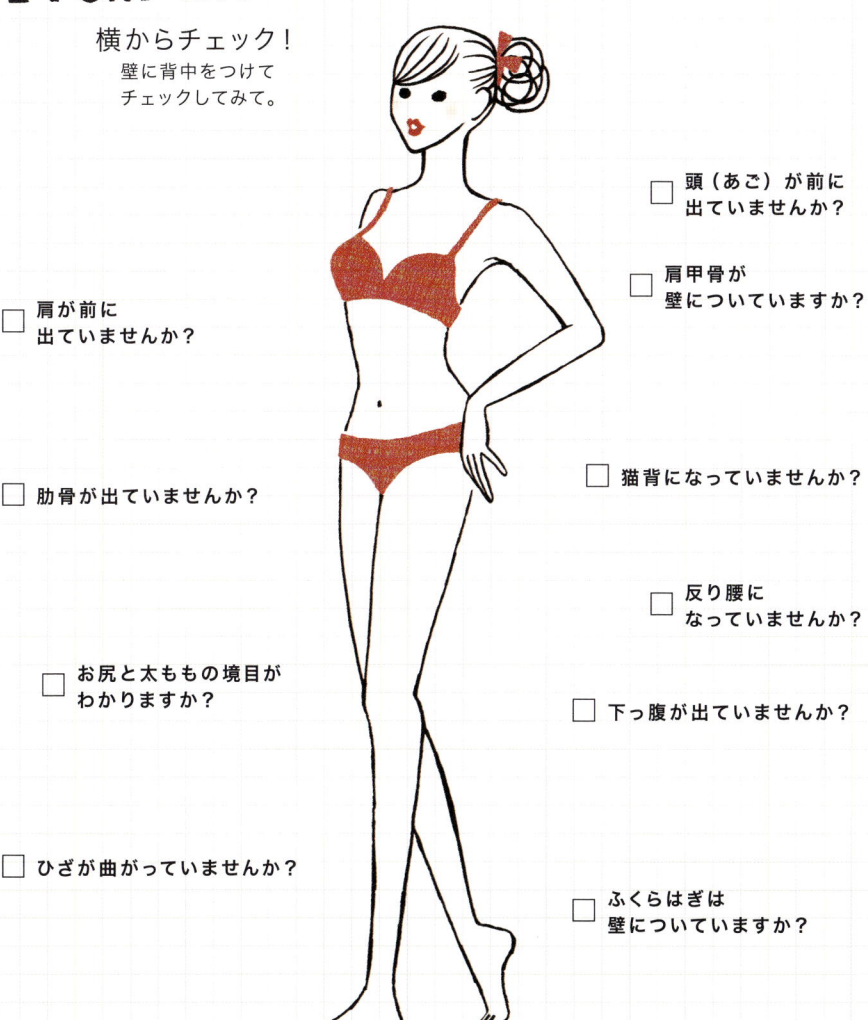

STEP 2. 自分のゆがみ度を知ろう

身体はゆがまないのがもちろん理想！ でもゆがみは人間が持つ防衛本能なのです。
ゆがみのメカニズムを知り、できるだけゆがみを軽減しましょう。

ゆがみ度チェック！
1つでもチェックがあればゆがみがある証拠です。

- [ ] **歩いているとスカートがまわってしまう**
- [ ] **片脚に重心をかけて立ってしまう**
- [ ] **脚の長さが左右で違う**
- [ ] **肩の高さが左右で違う**
- [ ] **椅子に座っていると無意識に脚が開いてしまう**
- [ ] **仰向けで寝ることができない**
- [ ] **脚を組む**
- [ ] **片方の歯で噛むクセがある**

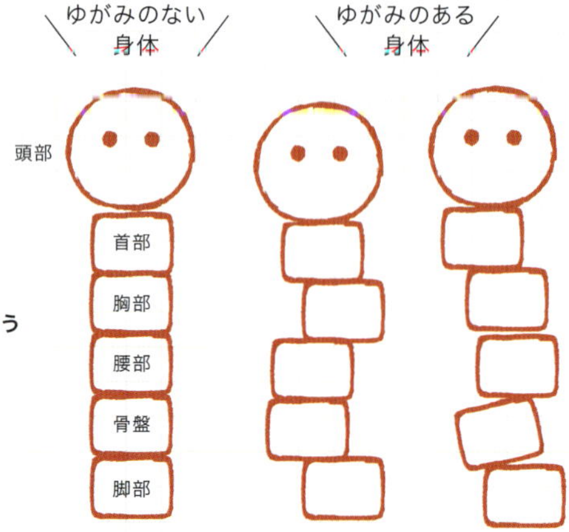

“ゆがみ”という言葉はよく耳にしますがどのような状態をいうのでしょうか？ わかりやすく「身体のゆがみ」を図にしてみました。見ていただくとわかると思いますが、身体のゆがみは人それぞれです。身体の不調は、身体のクセ、食生活、ライフスタイルなどから引き起こされていることがほどんどです。 これらを見直すことで身体のゆがみを意識的に少なくすることができます。

では、なぜゆがみが生じてしまうのでしょうか？

それは、普段無意識に行っている動きにより、筋肉のクセがつき、コリが生じ、さらにその筋肉によって骨が引っ張られるからです。ゆがみは自分の身体のバランスをとるための「防衛本能」ともいえますが、バランスのとれた姿勢を保とうとすればするほどゆがんだ部分をカバーしようとするので、全身に悪影響を及ぼしてしまうのです。

防衛本能のスイッチが入る前に、自分の身体を知り、セルフマッサージやエクササイズ、ストレッチによって筋肉の緊張をゆるめましょう！

目を閉じて足踏み 50 歩してみよう！

目を閉じた状態で足踏みをし、ゆがみをチェックしましょう！ やり方は簡単！ 目を閉じ、その場でしっかり手を振り、足を高く上げて足踏みします。 足踏みを50歩してゆっくり目を開けましょう。 スタートした位置からのズレが大きければ大きいほどゆがみが大きいということです。 普段歩く時には目で周囲の確認をしながら歩くためまっすぐ歩く事ができますが、目を閉じた状態では自分の感覚だけで歩くことになるので身体のゆがみが現れやすいのです。

STEP 3. “be-conscious ～意識する”ことの大切さ

美脚になりたいなら脚に意識を向けましょう！
そしてやせたいなら無意識に行っている動きを意識しましょう！

be-conscious

～意識をする～

私のメソッドでは、「意識」ということを何よりも大切にしています。
意識をすることでより自分の身体を知ることができたり、
自分の身体のクセを知ることができたりします。
ダイエットをするうえで「意識する」ことは成功への第一歩だといっても過言でありません。
私は「意識をする」ということで

身体を意識して動かすことができる
筋肉の動きを意識することができる
血流や皮膚の状態をより感じることができる
内臓の動きを感じることができる
スタイルに敏感になり、より細かな意識ができる

などという習慣が身に付きました。
「意識する」ということはとても大切なのです。
もしエクササイズ後に筋肉痛になったらどこの筋肉がどのエクササイズで効いているのか？
疲労しているのか？ や、エクササイズを始めてどのように
身体が変化したか？ なども「意識する」ことでより効果が明確になります。
効果があり成果が出ると、もっと頑張りたくなるのが女心。
この機会にライフスタイルから見直し、やせるために身体に目を向けてみてはいかがですか？

２週間続ければ絶対に身体は変わります。
理想の自分に近付けるように。さぁ、２週間やってみましょう！！

目指すべき美ボディの定義

2週間後の自分はどんな自分に変身しているでしょう?
大丈夫! 今よりももっとキレイで輝いているはずです。

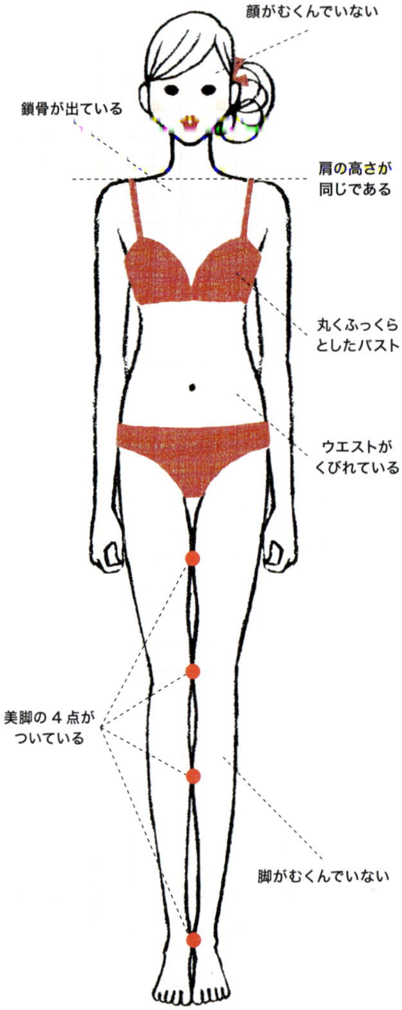

私が考える美ボディの定義は、まずは「美脚」であること。脚が太いか細いではなく、バランスのとれた女性らしい脚になるということが基本です。美脚になるということは全身の骨格が整い、バランスのとれたボディラインになるということだからです。68kgもの体重があり、太っていた私もこのメソッドで美脚になり美ボディを手に入れました。それだけでなく健康なボディも手に入れることができたのは、身体を支える土台である足のバランスがとれたからです。
さあ! 思い立ったら2週間やってみましょう。2週間で体内をデトックスし、身体の土台である足を整え、全身も整えて健康で美しい理想の自分になりましょう!

2週間レシピを始める上での心構え

① 変化する自分を意識する

今の自分をきちんとチェックし、2週間後の自分と比較できるように写真を撮っておきましょう! 体重や身長を測り、書き留めてもOK。

② 食事の嗜好が変わります!

エクササイズやマッサージで身体が変わると、嗜好が変わるので、身体に良いものを食べたくなります。

③ ショッピング禁止!!

この2週間は洋服や靴を買わないで! 脚のむくみがとれると靴はゆるくなり、ボディラインが変わるので洋服のサイズも変わります。

④ ライフスタイルがガラリと変わります

意識をすることを味方にしたら、ライフスタイルも変わるはず。起きる時間や食事の量、入浴方法など、身体により良いことをしたくなります。

**2週間レシピを
より効果的に行うには……**

いつから始めてもOKですが、より効果があるのは生理の終わり頃から約2週間。この時期は溜め込んでいた水分が排出されるタイミングでもあり、代謝もアップ。心身ともに、最も調子が良いのでワクワクしながら始めることができるでしょう。

2週間レシピが終わった後に“なっていたい自分”を書き込んでみましょう。

2週間レシピが終わった後になっていたいあなたはどんなイメージですか？
どんな自分と会えるか今からワクワクしますね。2週間後にデートがある！ 旅行に行く！
結婚式がある！ キャンプに行く！ パーティーがある！ など、自分を頑張らせてくれる理由を見つけるのも◎。

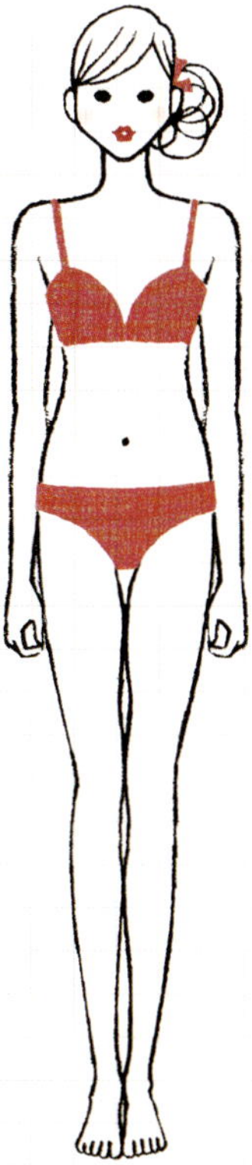

WISH LIST

◀ さぁ2週間の集中ダイエットレシピのスタートです！

DIET COLUMN

– 001 –

美脚を作るためのウォーミングアップ

美脚を作るためのスイッチを入れましょう。まずは身体の縦・横のラインを伸ばすストレッチ。いきなりエクササイズを行うと、筋肉を傷めてしまうこともありますのでストレッチをしてから行いましょう。

ストレッチ 1

1. 脚を肩幅に開き、両手を胸の前で組みます。
2. 組んだ両手を真上に持っていき、気持ち良いと感じるまで身体を縦に伸ばしましょう！
3. そのままゆっくり息を吐きながら右に倒していきます。
   おへそから上だけを横に倒すようなイメージで！
   10 〜 15 秒キープしましょう。反対側も同様に行います。

ストレッチ 2

1. 脚を肩幅に開き、両腕を肩の高さで左右に広げます。
   そのとき、おなかとお尻に力を入れるのがポイント。
2. 腕を真横に引っ張られるようなイメージで、上半身のみ動かします。
   このとき、腕が下がらないよう注意してください。
   10 秒〜 15 秒キープしましょう。反対側も同様に行います。

リンパの流れを促進し、デトックスできる身体に！

リンパの流れを促進するためにリンパの最終出口である左鎖骨リンパ節を開きましょう。
全身にある主要なリンパ節を刺激して、デトックススイッチをオン。

1. 左鎖骨の上部を人差し指と中指でゆっくり奥まで押しましょう。
2. こぶしの第二関節で耳の下から鎖骨までスライドさせます。
3. 脇の下にこぶしを入れて脇を締め、腋下リンパ節をしっかり押します。
4. 脚の付け根にあるリンパ節を指でしっかり押し開きましょう。
5. ひざの裏のリンパ節を揉み、ふくらはぎのポンプを刺激しましょう。

DAY 1

美脚になるための第一歩。足裏と脚の付け根のデトックスケア

重力の影響で、足の裏には老廃物がたくさん溜まっています。２週間レシピの初日は、足の裏の反射区とツボへの刺激と脚の付け根のリンパ節をしっかり開くことで、脚やせスイッチをONしましょう！

memo

1ポーズめ

DAY 1

心臓から一番遠い足裏から美脚を作る！

足裏には老廃物がたくさん溜まっています。足首をしっかりストレッチしてから足裏をほぐしましょう。また、足首には代謝アップなどの美脚に効くツボもたくさん。たっぷりとクリームやオイルをつけて行いましょう。

1. 脚をまっすぐ伸ばして足首ストレッチ

つま先を床へ倒して足首のストレッチをしましょう。足の甲がしっかり伸びたらつま先を自分の方へ倒します。

足裏にはたくさんのツボがあります。4本の指を使うことで圧が適度に分散され、ツボを捉えやすい！

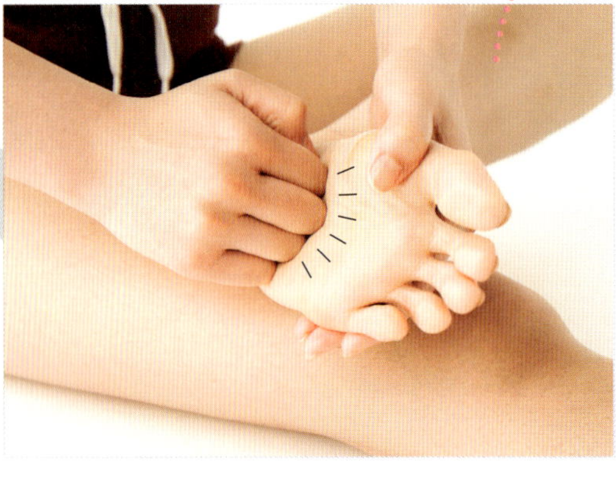

2. 足裏を刺激してデトックス

足裏全体を指の第2関節を使い、足先からかかとへ向かってほぐします。

Check

- ☐ 足首をしっかりストレッチする
- ☐ 足裏にあるゴリゴリした老廃物をやわらかくなるまでほぐす
- ☐ 足裏の老廃物の通り道を作る

× 左右10セット

ツボ押しのスタートは心臓のある左足からが鉄則！

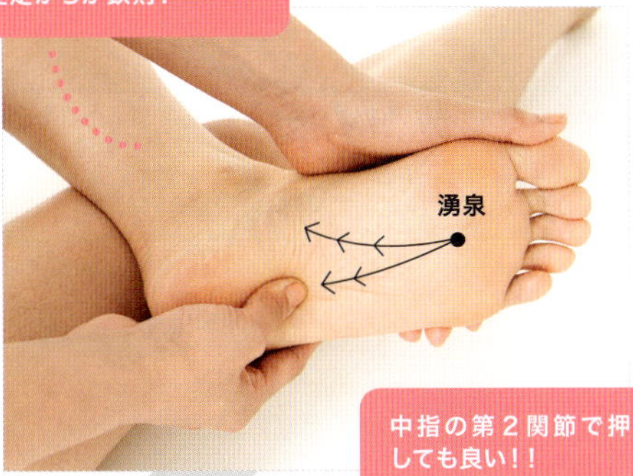

中指の第２関節で押しても良い！！

3.

ツボと反射区をPUSH

足の指を中央に寄せたときにできる凹みにあるツボ「湧泉《ゆうせん》」を親指の腹でしっかり押します。その後、かかと中央にあるツボ「失眠《しつみん》（奇穴《きけつ》）※」をしっかり押します。そして湧泉から失眠へ向かって老廃物の通り道を作るようなイメージで押しながらスライドさせます。

※失眠
足裏のかかと部分のちょうど中央に位置する「肉体的面と精神的面の両面から癒してくれるツボ」。むくみ、下半身の冷え、足の疲れ、生殖器系疾患、婦人科疾患、頻尿や乏尿などに効果があるとされている。

足裏には尿道や膀胱に効くとされているツボもあるのでむくみに有効的です。湧泉は脚の冷えや疲労回復にも効果があります。

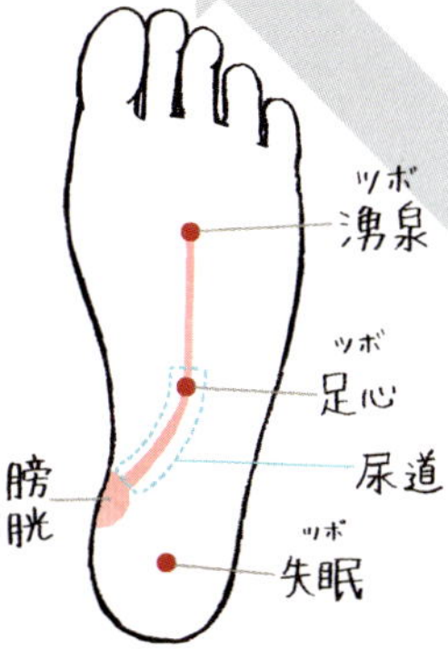

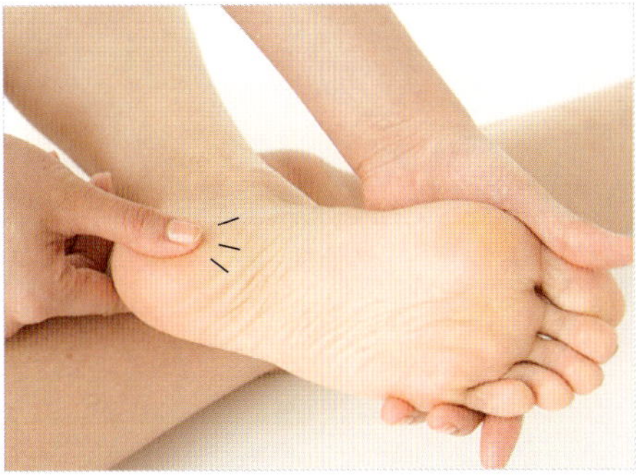

4.

かかともしっかりほぐす

かかと全体に溜まった老廃物をしっかりほぐします。親指の腹を使い、足裏の老廃物も集めながら上に向かい流します。

2ポーズめ

DAY 1

お尻のストレッチをして筋肉をやわらかくする

お尻の筋肉の使い方によって脚全体のバランスが変わるため、美脚を目指すなら、まずはお尻の筋肉をゆるめることから始めましょう。

1. 正しい姿勢で立つことからスタート！

基本はここ！ 正しい姿勢で立ちましょう。つま先を30度ほど開き、肩の力を抜きます。

重心が左右の足に均等にかかるように意識しましょう。

2. お尻の筋肉を伸ばす

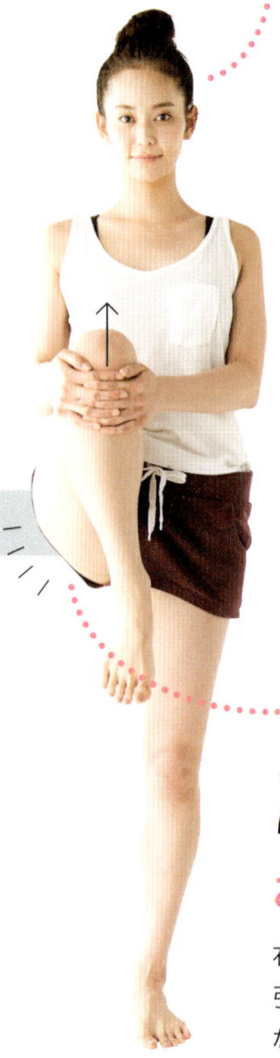

脚を上げる時に上半身が前かがみにならないように注意！

お尻の筋肉がしっかり伸びていますか？

右脚のひざを上げて両手でひざを抱え、引き上げましょう。その時に口で息を吐きながらより高く足を引き上げます。

Check

- □ 片脚立ちでバランスをきちんととる
- □ 一定の呼吸で行うことを意識する
- □ お尻のストレッチで脚とお尻の境目をつける

× 左右10セット

4.

脚の付け根を刺激!

3の姿勢から真上に脚を引き上げます。脚を動かすことで「そけいリンパ節」を刺激することができます。

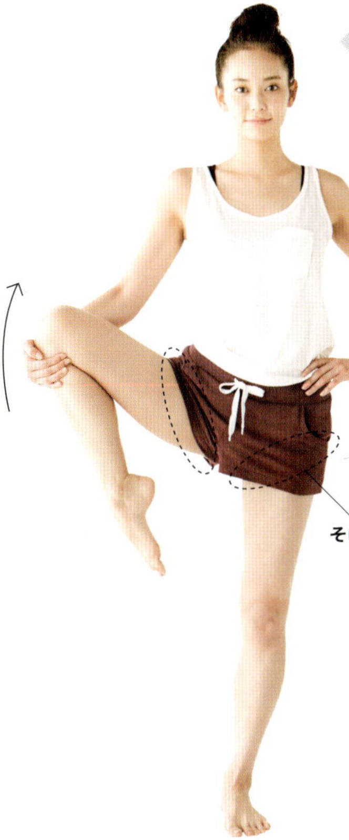

脚のむくみが気になる方には効果大!!

上半身をブラさず胸を張りましょう。

3.

右脚を真横に開く

一旦脚をおろして深呼吸し、新鮮な空気を身体にとり込みましょう。そして腰に手を添え、再び右脚を真横に開き上げます。

DIET COLUMN

– 002 –

美脚にまつわる3つのハナシ

topics 1 そもそも「脚」ってどこからどこまで？

脚はどこからどこまでなのでしょうか？ 骨盤の下からや股関節からが脚だと思っている方が多いと思いますが、実はおへその上あたりからが脚なのです。……ということはウエストからが脚ということ。つまり、キレイな脚のラインを手に入れるにはウエストラインもキレイでなければいけないというわけです。

topics 2 ウエストラインを美しくメイクするには？

ウエストといえば「ウエストのくびれ」。まずしなければいけないのは、おなかの筋肉を“ゆるめる”こと！ そして姿勢を正し、呼吸を整えることでウエストのくびれは作りやすくなるのです。横腹にある「腹斜筋※」とおへその上あたりにある「大腰筋※」を刺激することが大切なのですが、“鍛える”前に“ゆるめる”ことから始めましょう。まず、正しい姿勢で３回深呼吸をすることからスタートします。息を大きく吸い、手を上に上げます。ゆっくり息を吐きながら上半身を腰から真横に倒し、脇の下からおなかの横の筋肉までしっかり伸ばします。今度は同じ要領で前屈・後屈します。この２つをしっかり行うことで「腹斜筋」と「大腰筋」をゆるめることができ、代謝UP！ 免疫力UP！ 体温UP！ にもつながります。

topics 3 美脚の条件とは？

「美脚」と聞くと「細い脚」や「カモシカのようなまっすぐな脚」を思い浮かべる方が多いのではないでしょうか。けれど、「ただ細いだけ」では魅力的ではありません！ 女性らしい曲線こそ「美脚」には必要なのです。美脚のポイントは「美脚の4点」がついていること、つまりメリハリがしっかりある脚であるということです。美脚作りのキーポイントは、太もも内側の隙間をマッサージによってメイクすることなのです。

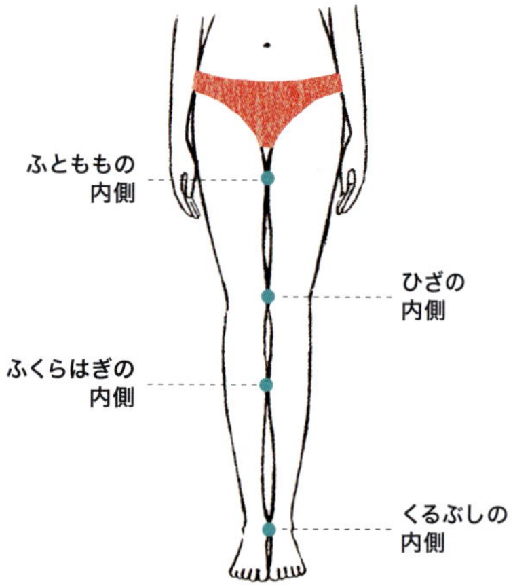

※腹斜筋（外腹斜筋と内腹斜筋の2種類から構成されている筋肉）…内臓を正しい位置にセットしてくれるコルセットのような役割がある。
※大腰筋（太ももと腰椎＝腰をつないでいる筋肉）…脚を上げる役割をし、正しい姿勢を保つ役割もしている。

DAY 2

身体の土台をしっかり作る！
脚とお尻の境目をくっきりさせる
引き締めケアを

足首まわしでひざ関節、股関節、骨盤などの脚すべての関節を整え、まっすぐ伸びた脚を作ります。鏡を見た時にどこかたるんでいたヒップラインもメリハリアップでくっきり！ 美尻＆美脚をしっかり作り上げる基礎作りを2日目で実践。

memo

1ポーズめ

足首まわしで 足首の関節をリリース！

DAY 2

足首の可動域が大きくなると骨盤のゆがみがとれ、全身の血液がアップ！
リンパの流れも良くなって、下半身がすっきりします。足首は身体を支える大事な関節。
動かしているようで結構固まっているので優しくほぐして。

1.

足の指をゆるめる

足の指の間に手の指をしっかり入れ、骨をひとつずつゆるめます。足の指をしっかり開き、ぐっと握ってゆるめましょう。

湧泉をおさえて！

「湧泉」を親指でしっかり押さえながら行うとデトックス効果大。

2.

足の甲をストレッチ

足の指に手の指を入れたまま、すねから指先まで一直線になるように足の指先を手前に引きます。

Check

- □ 足の指をしっかり開いてストレッチ
- □ 足首の可動域を広げるように意識
- □ 足の裏と足の甲をストレッチしてゆるめる

× 左右10セット

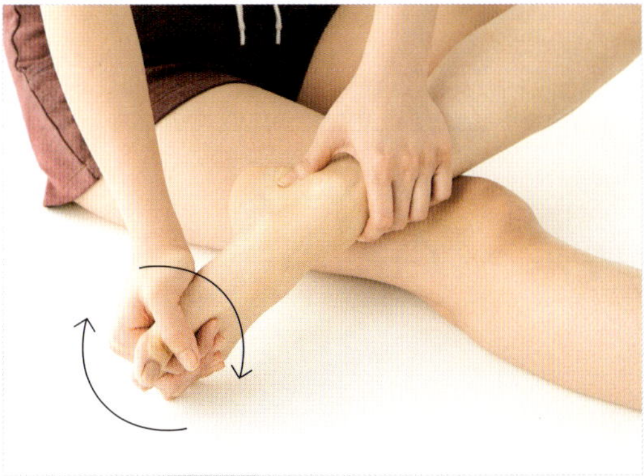

3. 足首まわしでゆがみを解消

足の指の間に手の指をしっかり入れたままくるぶしの横をしっかり押さえ、親指で大きな円を描くようになるべく大きくまわします。

少し抵抗を感じるまで、指先を倒しましょう。

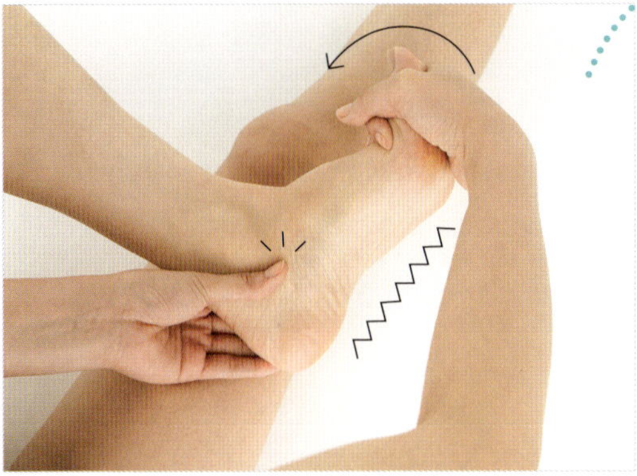

4. 足裏を伸ばして血流をUP！

足の指の間に手の指をしっかり入れたまま、足裏を伸ばします。

2ポーズめ

DAY 2

太ももとお尻を キュッと引き締めよう

美しい脚の条件でもあるくびれたウエストを作るために、おなかのコアな筋肉を使いながら太ももの筋肉、ヒップの筋肉もしっかり刺激します。

上半身が前かがみにならないように意識

1. 足を肩幅に開き安定した状態でスタート

足を肩幅に開き、両脚のつま先を前に向けて、まっすぐ立ちます。

手を腰に当てると骨盤の動きが感じられるのでより身体の動きを感じることができます。

2. 左脚をしっかりストレッチ！

1 の姿勢から左脚を横に出し、左脚をしっかり伸ばします。

Check

- □ 脚をきちんと伸ばしましょう
- □ 骨盤を左右に動かして股関節のストレッチをしましょう
- □ 脚の前面の筋肉を意識しましょう

左右10セット

3. 両脚同時にストレッチ

左脚を横に出したまま、右ひざが直角に曲がるまで重心をおとします。このとき左脚はまっすぐ伸ばしたままにしましょう。

4. お尻をクッと後ろに！

お尻の横にある筋肉「中殿筋」を意識しながらお尻を少し斜め後ろに向けます。

DIET COLUMN

– 003 –

キレイを育てる24時間

Yuko's Daily Schedule

8:00 起床
ベッドで寝たままストレッチ！ 特におなかを伸ばすように縦ストレッチ。

寝起きと共に体幹を目覚めさせる！

8:10 ストレッチタイム
身体を少し動かして柔軟になったところでストレッチを。

必ず行うストレッチ
- ★ **足首まわしで体の土台をしっかり整える！ …Day2 の 1 ポーズ目**
- ★ **オープンスクワットで体幹を意識！ …Day3 の2ポーズ目**
- ★ **脚をしっかり伸ばし、後ろ面をストレッチ …主に Day9 の2ポーズ目**

9:30 朝食
朝食はしっかり！ サラダはたっぷり摂取。

食事はしっかり噛むように意識！ 噛む習慣をつけると満腹中枢が刺激されて GOOD。

10:15 サロン出勤
アロマディフューザーにお気に入りのアロマオイルを5滴入れてスイッチオン。

電車で出勤の場合
なるべくエスカレーターを使わず、階段で上り下り
自転車で出勤の場合
ギアを使い分けて、時々負荷をかけて走行。

アロマのいい香りの中でストレッチ
- ★ **脚だけを上にあげて交互にクロスさせる …Day15 の 2 ポーズ目のアレンジ**
- ★ **脚の側面のマッサージ …Day12 の1ポーズ目**
- ★ **肩甲骨の可動域を広げる …Day10 の2ポーズ目**

11:30 サロンワーク開始

メールチェックなど、デスクワーク開始。姿勢・座り方に注意！

14:30 軽食（昼食1）
小さいおにぎりや小さめのパンなどを少量食べる。

18:30 軽食（昼食 2）

終了時間に合わせて食べる日と食べない日があります。

22:00 サロンワーク終了

23:00 帰宅、夕食準備
週末に作り置きしておいたおかず+簡単なおかずで夕食。ほぼ和食です。

0:00 バスタイム
バスソルトを入れた湯船にしっかり30分、たっぷり汗をかいてリフレッシュ

- ★ **身体を洗いながらマッサージ …Day12 の2ポーズ目**

特に足はスクラブでくるくるしながら、反射区などを意識的にプッシュ！

0:40 お風呂上がりはベッドでリラックスタイム
足のマッサージをしながら良い睡眠を誘導。
部屋の明かりを少し暗くし、枕元にはお気に入りの香りをつけます。

ゆっくりゆったりとした気持ちでゆるストレッチも！

Good Evening

1:30 就寝

DAY 3

身体の「隅っこケア」で断然差がつくやせ力

足、足の指、足の指と指の間など、普段ケアをし忘れがちな部分をしっかりケアすると全身が喜びます。つま先、ふくらはぎ、内太ももなどに刺激をすることでより血液の流れが良くなるので、足の骨のまわりの老廃物をしっかりデトックスしてやせモード全開にしましょう。

memo

1ポーズめ

靴に閉じ込められた足と足指をリリース

DAY 3

ヒールなどを長時間はきっぱなしだとカチカチに固まってしまう足指。足指は足首や足の甲と連動しているので、足の指の関節をゆるめることはとても大事。血流も良くなるので足がぽっかぽかに！

1.

足指をリリース

足の指の間に手の指をしっかり入れ、骨をひとつずつゆるめます。

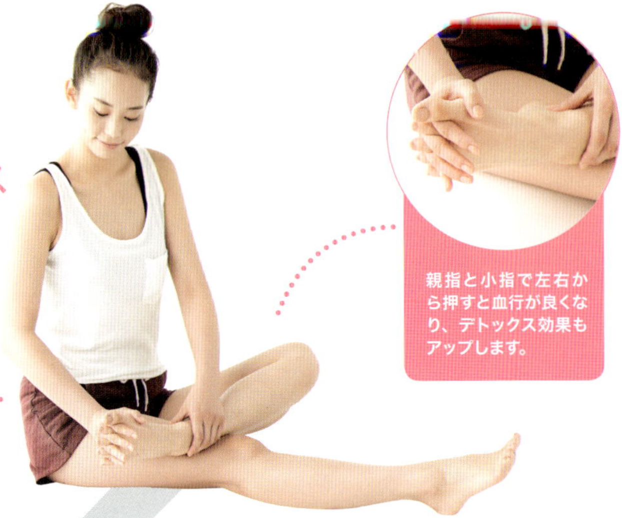

親指と小指で左右から押すと血行が良くなり、デトックス効果もアップします。

足の指をしっかり広げる感覚で！

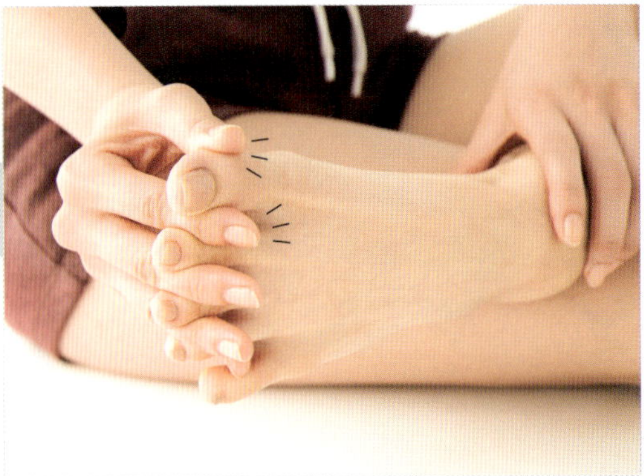

2.

指を挟んで刺激！

気持ち良く感じるくらいの強さが◎。足の指の間に手の指をしっかり入れて挟み、両側から押します。

Check

- □ 足の指をしっかり伸ばしましょう
- □ ゆがみの原因となりうる足のトラブルはないかチェック
- □ 足の指のツボもチェックしましょう

× 左右10セット

足の指の関節をほぐすようなイメージで！

3. 指クルクルでほぐす

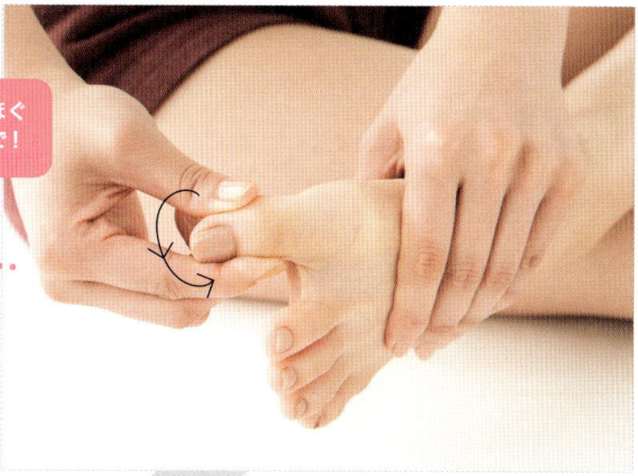

手の親指と人差し指を使って、足の指先をしっかりとつかんでクルクルと大きくまわします。

各ツボの効能

- 陰白《いんぱく》…便秘、月経不調
- 厲兌《れいだ》…便秘、むくみ、胃の不調
- 竅陰《きゅういん》…腰痛、肩コリ、頭痛、疲れ目
- 至陰《しいん》…冷え、頭痛、血行不良

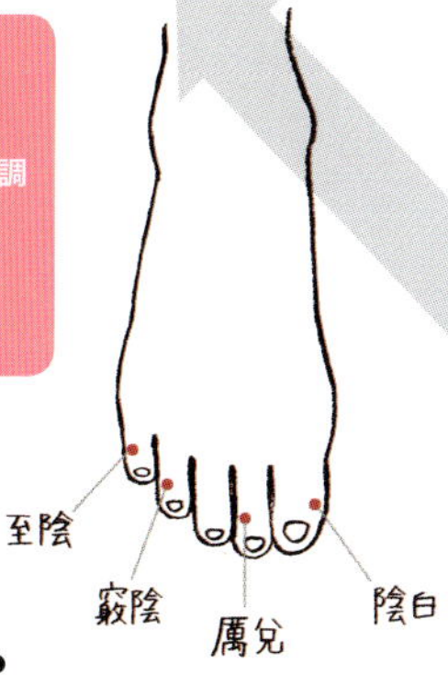

足の指の関節を伸ばすようなイメージで！

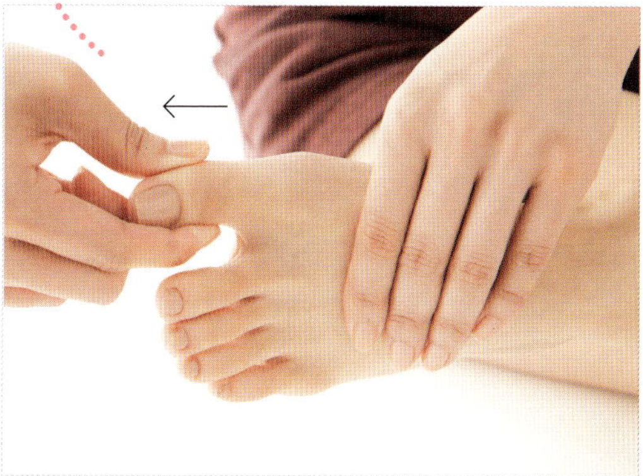

4. 指を引っ張ってリリース

縮こまった足の指の関節を引っ張って伸ばします。ワインの栓を抜くようなイメージで１本ずつ引っ張ります。

2ポーズめ

美脚の条件でもある美尻・くびれをメイク

DAY **3**

美脚の条件でもある美しいウエストを作るために、おなかのコアな筋肉を使いながら太ももの筋肉、ヒップの筋肉をしっかり動かします。

1. 脚を大きく開いてスタート！

脚を大きく開き、つま先とひざを外側に向けて立ちます。

姿勢を正したまましっかり重心は真下に下げて上半身はブラさないこと。

内股にならないように。ひざとつま先が同じ方向になるように！

2. 腰をおとしてストレッチ

脚を大きく開いたまま手は腰にあて、みぞおち部分に力を入れて上半身をまっすぐ伸ばしましょう。太ももが床と平行になるまで、膝を曲げてひざを下げましょう。

Check

- □ 脚の付け根のリンパ節を伸ばすことを意識する
- □ ふくらはぎのポンプを蘇らせよう
- □ 股関節をしっかりと開きます

× 10セット

3.

バランスをとりながらかかと上げ

そのままの状態でかかとを上げ、つま先立ちをしてバランスをとりましょう。

4.

上半身を上下に揺らす

ひざに手を置き、上半身を上下に揺らして脚の付け根、内ももをしっかり伸ばしてあげましょう。

DIET COLUMN

— 004 —

あなたを太りやすくしている生活習慣を見直そう

あなたを太りやすくしている生活習慣とは？

2週間レシピを頑張っても、もともとの「悪い習慣」が太りやすくしているかも。

□ 朝ごはんを食べない

朝食を抜くと頭が働かず、エネルギー消費もダウンし、さらには代謝も下がってしまいます。

□ 〜抜きダイエットをしている

カロリーよりも食事の質を考えて！ 肉は筋肉を作り、炭水化物は脳のエネルギー源になり、脂質は肌にハリを与え、腸を活発にしてくれます。

□ 椅子に座っているときに脚を組んでいる

骨盤がゆがむと、リンパや血液の流れが悪くなり、脚がむくみやすくなります。それが下半身太りの原因になります。

□ いつも同じ足に重心を乗せている

重心が片方に寄ると体幹がずれ、体全体にゆがみが生じてしまいます。

□ 締め付けの強い下着を着けている

特にガードルは要注意！ 股関節まわりには大きなリンパ節があるので流れを抑制してしまい、同時に血液の流れを悪くし、冷えを引き起こしてしまいます。

□ 食事の時間が遅い

夜は休息時間になりエネルギー消費しにくいので、夕食が遅いと太りやすくなります。

□ 冷たいものをよく飲む

身体が冷えると血流が悪くなり、リンパの流れも悪くなります。その結果、老廃物が溜まり、太りやすくなります。

□ 姿勢が悪い、猫背である

姿勢が悪い人は、腹筋、背筋、大胸筋をほとんど使えていないため、美しいスタイルを作るために必要な筋肉が衰えてしまい、老廃物を溜めやすい体になってしまいます。

□ 疲れていてもよく眠れない

交換神経と副交感神経のバランスが悪くなっていることが多く、効率の悪い身体に。

□ 早食いする、よく噛んでいない

早食いは噛まずに食べ物を飲み込んでいることがほとんどです。脳が満腹感を感じる前にどんどん食べてしまい、結果的に食べ過ぎているのです。

□ 運動をしていない

多少の運動は必要です。筋肉がついているほど基礎代謝が上がり、やせ体質になるからです。

□ あまり汗をかかない

汗をかけない身体は代謝が落ちている証拠！ 少しでも身体を動かす習慣をつけ、代謝をアップさせないと太りやすい身体から脱することはできないのです。

DAY 4

足の骨をひとつずつバラすように
丁寧にケアして
足の動きを最大限に！

体の骨の 1/4 が集中している足。その小さな足の骨ひとつひとつをしっかりとゆるめて、柔軟な動きができるようにしましょう。そうすることにより足が地面を捉える感覚を感じられます。そして美脚の４点を作り、メリハリのある脚になれるのです。

memo

1ポーズめ

身体の土台となる足を しっかりケアして美脚に

DAY **4**

足はたくさんの骨からできています。そのおかげで柔軟な動きができるのです！
つまり骨のひとつひとつの動きこそが大事なのです。しっかり動くように細かくケアしましょう。

1.

足の甲をほぐす

手の親指の腹を使って足の指の間を押し、ほぐします。指の腹で押し上げるように行いましょう。

クリームやオイルを使うとスムーズに。

2.

握りこぶしで老廃物をかき出す

手の第2関節を使って足の甲に溜まった老廃物をかき出します。足の甲全体から足首までをしっかりほぐしましょう。

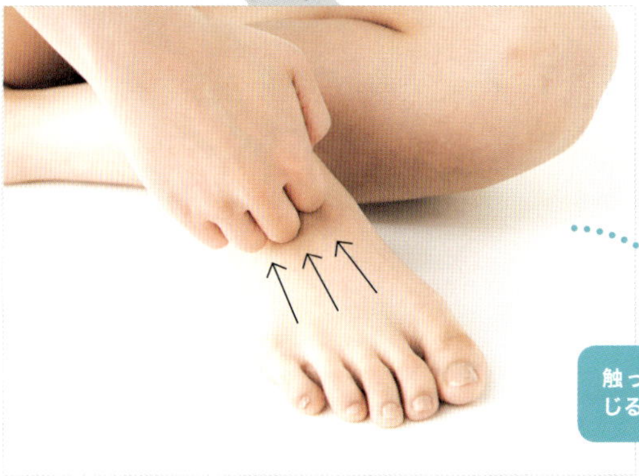

触ってゴリゴリと感じるのが老廃物です。

Check

- □ 足の甲がむくんでいませんか？
- □ 足の甲の反射区をチェック！
- □ 足の骨が柔軟になればむくみも軽減！

左右10セット

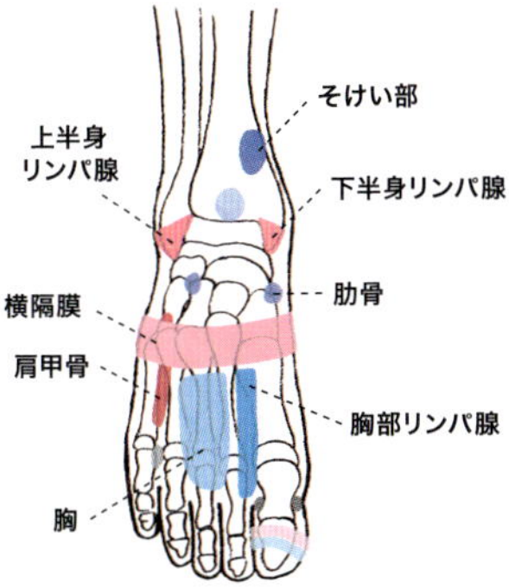

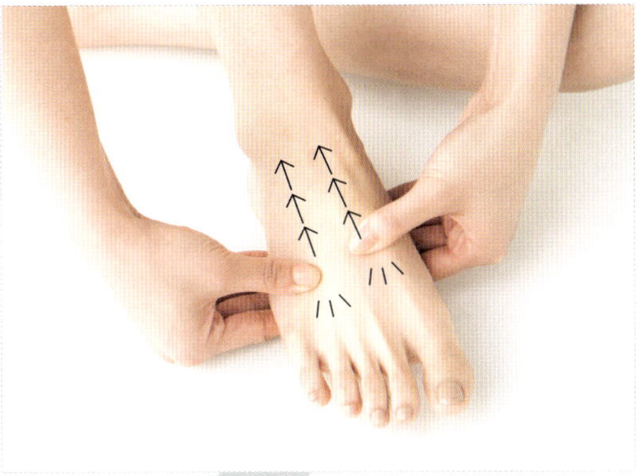

3. 老廃物は足首に集める

親指の腹を使ってつま先から足の甲、足裏、かかとの老廃物を丁寧に足首に向かって集めます。

身体の骨の約1/4の骨が足に集まっています

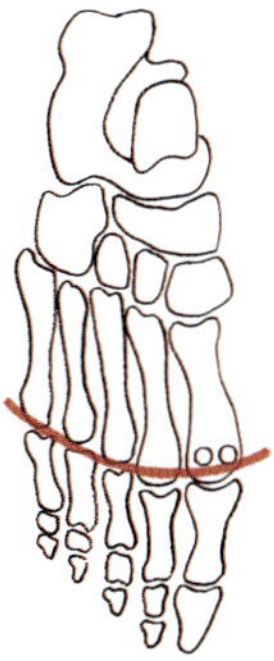

4. 足首から ひざ裏のゴミ箱へ

足首に集めた老廃物はひざの裏のリンパ節（ゴミ箱）へしっかり流します。足首を両手でつかむようにし、老廃物をひざの裏まで流します。

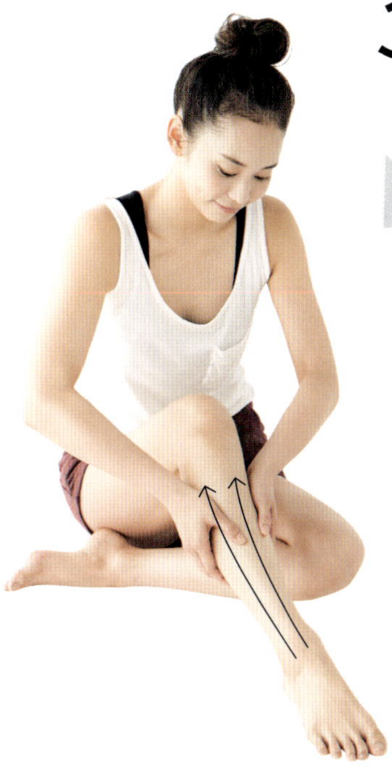

DAY 4

2ポーズめ

脚のメリハリを作り 美脚の4点を手に入れる!!

DAY 4

ひざ上から太ももの筋肉（大腿四頭筋）を整えて美しい脚を手に入れましょう。
さらにヒップラインから太もものライン、内ももを意識することで美脚の4点も手に入れることができます。

1.

仰向けになり一定の呼吸を！

ひざを曲げて、仰向けになります。手の平を下に向け、体の横に置きます。左右のひざをくっつけ、内ももに力が入っていることを感じてください。

両ひざをしっかりつける

呼吸を止めず、一定の呼吸で行いましょう！

前太もものストレッチでひざの周囲や、太ももを柔軟にします。前太ももは身体の中で一番強力な筋肉！ 日常よく使う筋肉なので知らず知らずのうちに疲労が溜まっています。

2. 腰をしっかり上げる

そのままの状態で腰を上げます。肩からひざまでがまっすぐになるようにして、15秒キープ！

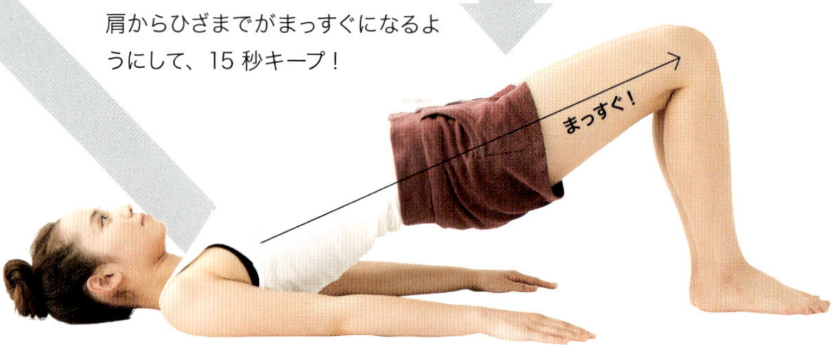

Check

- ☐ 内ももを意識する
- ☐ お尻の筋肉を刺激してヒップアップ！
- ☐ 脚のラインがまっすぐになるように意識

× 左右10セット

3. リラックス

一旦、1の基本姿勢に戻りリラックス。ゆっくり深呼吸をして、体内に新鮮な空気をとり入れましょう。

両手で床を押すようにして
脚をしっかり上げましょう。

4. 脚全体のストレッチ

2のように腰をゆっくり持ち上げ、脚をまっすぐ上げて脚全体をストレッチします。

DIET COLUMN

― 005 ―

立ち方・座り方でかなえる美脚&美尻

無意識にしているちょっとした行動で醜いボディラインを作ってしまっているかも!? 日常生活のひとつひとつを“意識するだけ”で見違えるほど美脚&美尻に!

topics 1 椅子に座る時はお尻をつぶさず、L字になるように座る!

椅子に浅く腰掛けて、背中を頭のてっぺんを上から引き上げられるように背骨を伸ばして座ります。そして太ももの付け根に上半身を乗せ、L字になるように座りましょう。すると自然に骨盤が立った状態になるのです。その時にひざを閉じ、脚は組まないことが美脚になるためのポイントです。ヒップをつぶさずに座ることで美尻効果も! 丸いヒップは美脚の条件ですから意識をして座りましょう。

---

topics 2 立っている時の姿勢で脚のラインを整えて美脚に!

私たちの1日で立っている時間って結構ありますよね。料理をしている時や歯磨きをしている時、電車待ちをしている時……etc. その時間もムダにしないで!

体重を両足均等にかける 両足に均等に体重をかけないと脚の太さが変わってしまうので要注意。

TRY 肩幅に脚を開き、足踏みを10回を毎日行うと、体重が足裏のどこにかかっているのかの感覚がつかみやすいので毎日の習慣にしてみて。

重心は足裏の内側に置く かかとに重心を置かず、足の土踏まずから親指の付け根にかけて重心を置きます。

TRY 私がよく行うのは1駅つま先立ちやTVを見ながらCM中につま先立ちすること! つま先立ちはヒップアップや美脚にも効果大! お尻の穴を引き締めて立つようにすることでヒップアップにつながり、美脚の4点を合わせるように立つ意識をするとさらに◎。

---

topics 3 結構見られている! 座り方が美しい女性は美脚になる!!

座っている姿が美しい女性って優雅で凛としていてかっこいいですよね。座り方を変えるだけで美脚になれるんです!! ひざとふくらはぎとくるぶしの3点がつくように座るのが美脚になれる美しい座り方。座る時は椅子に浅く腰掛け、ひざをくっつけると自然と内転筋に力が入るので、内ももが引き締まり、足にメリハリができます。「座る時は絶対に脚を閉じて美しく座る」。これを意識することが美脚への近道なのです。

DAY 5

ふくらはぎは第二の心臓！
ふくらはぎポンプを蘇らせ、
脚の曲線美を実現させる！

ふくらはぎは第二の心臓と呼ばれるほど大切な場所。ふくらはぎの筋肉を伸縮させて全身に血液を巡らせる機能をアップさせましょう。脚のゆがみをリセットすべく股関節をストレッチし、脚全体のリラックスとリフレッシュを行いましょう。

memo

1ポーズめ

ふくらはぎのしっかりケアで全身巡る身体に

DAY
5

ふくらはぎの筋肉が弱まると血液がよどみ、老廃物が溜まりやすく、冷えやむくみの原因にもなります。ふくらはぎがやわらかいのは健康な証拠！正しいふくらはぎケアで血液とリンパの流れを良くしていきましょう。

1.

アキレス腱を柔軟に

アキレス腱を親指と他の３本の指でつまみながら引き上げます。

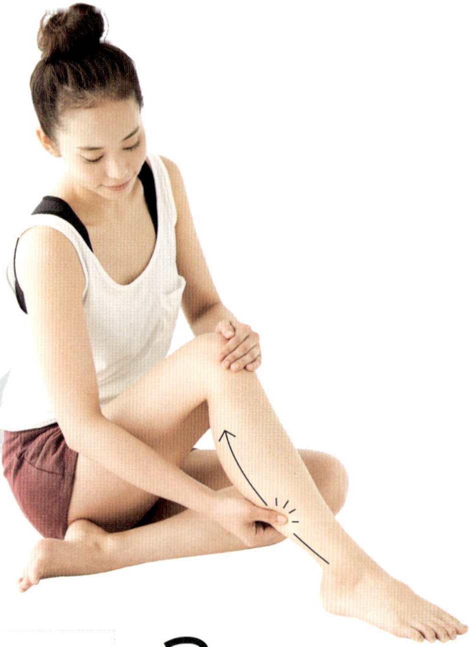

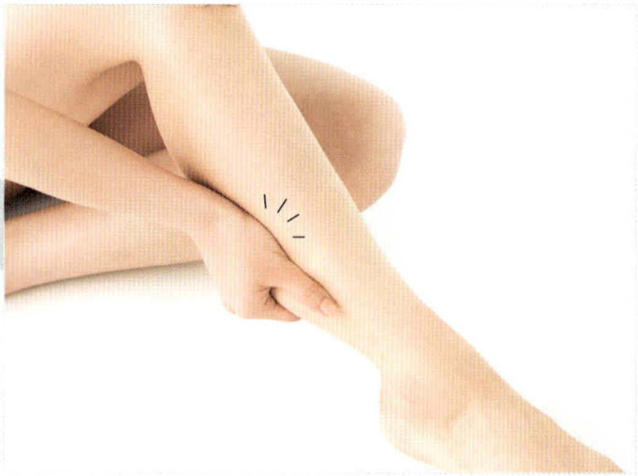

2.

ふくらはぎを押しほぐす

ふくらはぎが硬くなっているのは筋肉に乳酸が溜まっている証拠。手の平で押して乳酸を出し、酸素を送り込むイメージでゆっくりと手を離します。

Check

- □ ふくらはぎをやわらかく、もちもちに
- □ 筋肉が硬くなると血流が悪くなり、メリハリのない脚に！
- □ ぞうきん絞りでセルライトも撃退

左右10セット

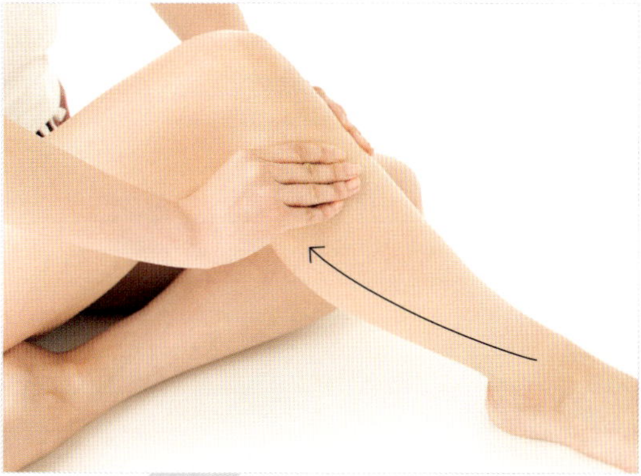

3.
ひざ裏を刺激

ひざ裏のリンパ節を開くように、親指の腹でくるぶしからひざへまんべんなく押します。

心臓に向かって
下から上へ集めるのが鉄則！

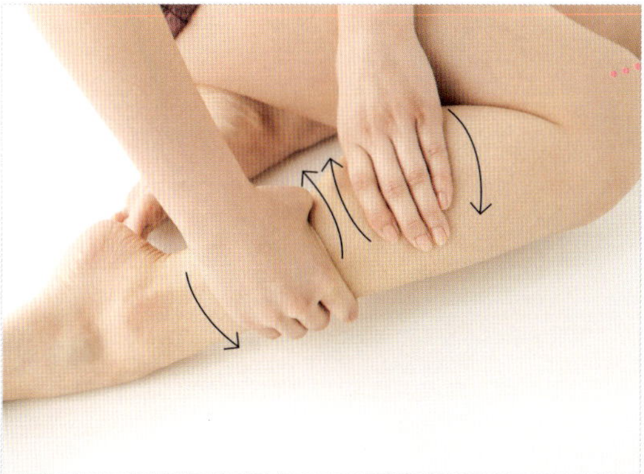

4.
ぞうきん絞りで老廃物を出す

ふくらはぎは両手で雑巾を絞るように動かしながらもみほぐします。ふくらはぎの老廃物を、ひざ裏のリンパ節へ！

2ポーズめ

DAY 5

左右の脚をクロスして ゆがみをリセット！

お尻まわりをほぐし、下半身をすっきりさせることができるストレッチ！
「ながらストレッチ」として TV を見ながらなどでもできるのでオススメ。

1. 仰向けになる

深呼吸をし、ゆったりした気分でリラックス

2. 脚の付け根をしっかり刺激

右脚を左脚のももに乗せ、右脚のひざ内側を床の方へ倒すように押します。

Check

- □ ふくらはぎの筋肉の収縮を促進しよう
- □ 内ももと股関節を優しくストレッチ
- □ 股関節を動かすことにより脚の付け根のリンパを刺激

× 左右10セット

3.

脚の外側をストレッチする

上半身を起こし、床にひじをついて身体を支えます。右脚を左脚のももに乗せたまま脚を身体の中心へひねります。

4.

脚の内側をストレッチする

上体を起こしたまま、ひざを逆にひねっていきます。脚の付け根を大きく開くようにしっかりと脚を広げましょう。

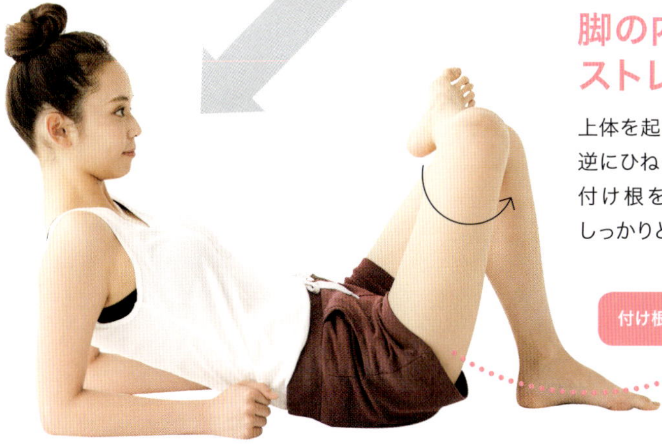

付け根のリンパ節を刺激！

DIET COLUMN

– 006 –

顔のリンパマッサージで小顔になれます。
ぜひ朝晩のルーティーンにして

首のケアと顔のリンパマッサージで小顔を手に入れることができます。顔のむくみを解消するためには首のケアが不可欠。首は常に重たい頭を支え、負担がかかり、コリやすいですよね。 そんな顔の老廃物の通り道である「首」をしっかりケアすることで、顔にある老廃物が流れやすくなりむくみ解消に！ メイク前や入浴中に行うと効果大。

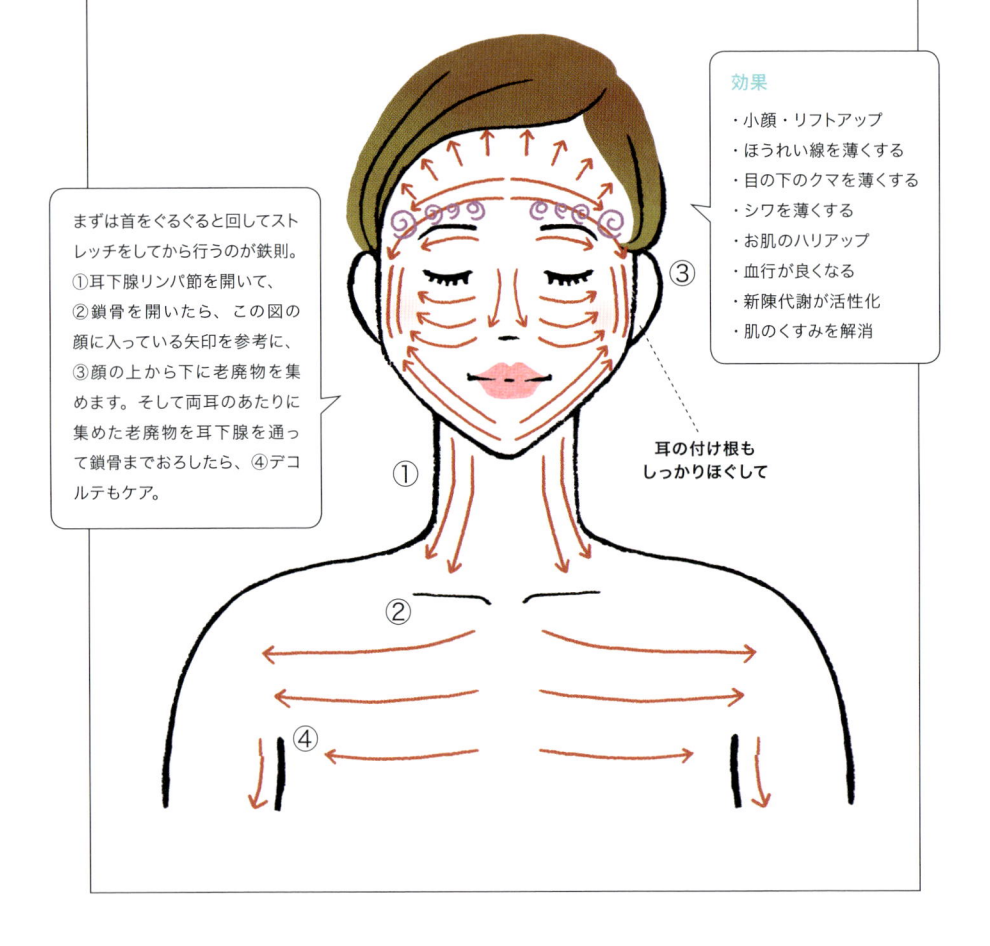

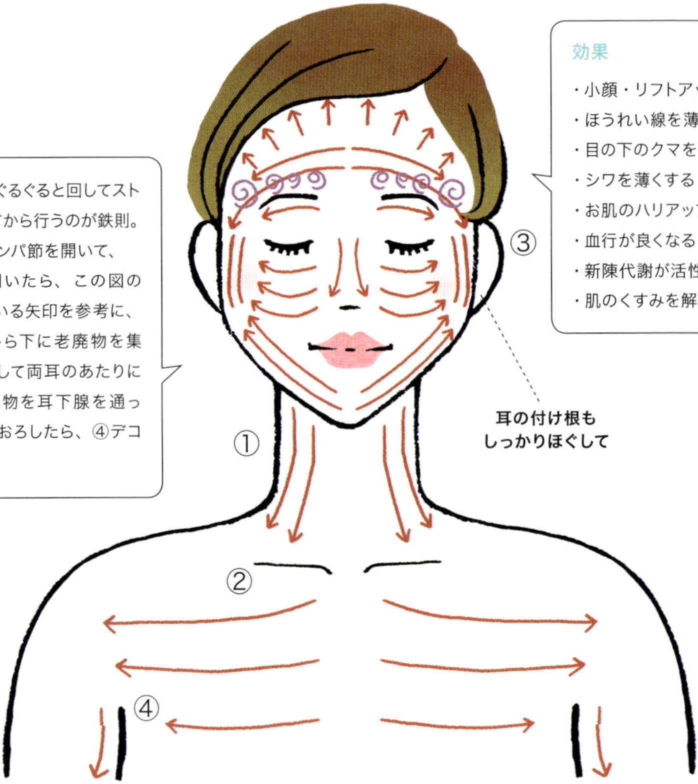

まずは首をぐるぐると回してストレッチをしてから行うのが鉄則。①耳下腺リンパ節を開いて、②鎖骨を開いたら、この図の顔に入っている矢印を参考に、③顔の上から下に老廃物を集めます。そして両耳のあたりに集めた老廃物を耳下腺を通って鎖骨までおろしたら、④デコルテもケア。

効果

・小顔・リフトアップ
・ほうれい線を薄くする
・目の下のクマを薄くする
・シワを薄くする
・お肌のハリアップ
・血行が良くなる
・新陳代謝が活性化
・肌のくすみを解消

DAY 6

美脚の敵・セルライトを撃退！
太ももと足裏ストレッチで
むくみ＆セルライトを徹底的にケア

6日目は、脚の付け根のリンパ節と関節を同時にアプローチします。足の裏のケアを同時にすることで、脚のむくみ・セルライトも徹底的にケアします。脚を高く上げることで脚のむくみはもちろん、血流促進も期待できます。

memo

1ポーズめ

脚の付け根の大きなリンパ節を開いてむくみ知らずの美脚に！

DAY 6

脚の付け根には、大きなリンパ節があります。そのリンパ節をきちんと開くことで、血液とリンパの流れがよくなり、すっきりとした美脚になります！ 股関節の動きも重要なのでしっかりストレッチしましょう。

1. 脚の付け根にあるそけいリンパ節を確認

立てひざになり、脚の付け根にあるそけいリンパ節を確認しましょう。脚のつけ根の凹んだ部分にある「そけいリンパ節」にこぶしを入れ、リンパ節を開くように押します。

リンパ節はこぶし大の大きさなのです。

自重で圧をかけ、リンパ節を刺激！

2. 押して開く！！

そけいリンパ節を意識しながら人差し指・中指、薬指の３本でしっかり押さえたら、上半身を左右に倒します。

Check

- □ そけいリンパ節にこぶしを入れてしっかりと開く
- □ 脇腹を気持ち良くストレッチ
- □ 太ももの外側をゆるめ、老廃物を流し込む

× 左右10セット

3. 太ももの側面をリリース

そけいリンパ節をしっかり開いたら、脚の付け根からひざの横までの筋肉をゆるめましょう！ ひじを脚に対して直角に置き、腕の重みを使ってひざまでスライドさせます。

右腕を左手で支えながら腕で老廃物をかき集めるようなイメージです。

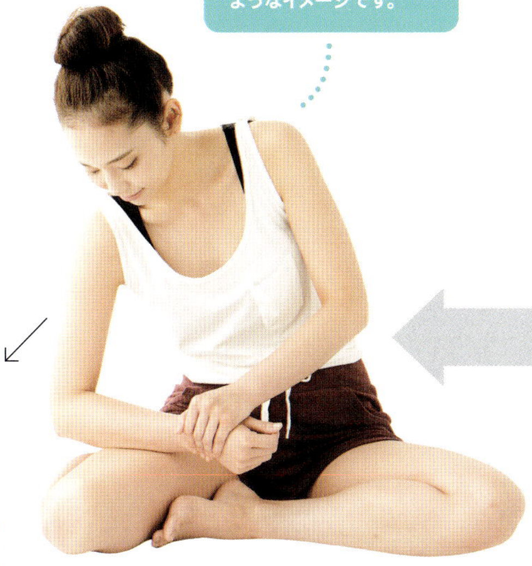

ひじを使いゆっくりとゆるめることで筋肉に溜まった乳酸を出すことができ、筋肉をやわらかくすることができます。

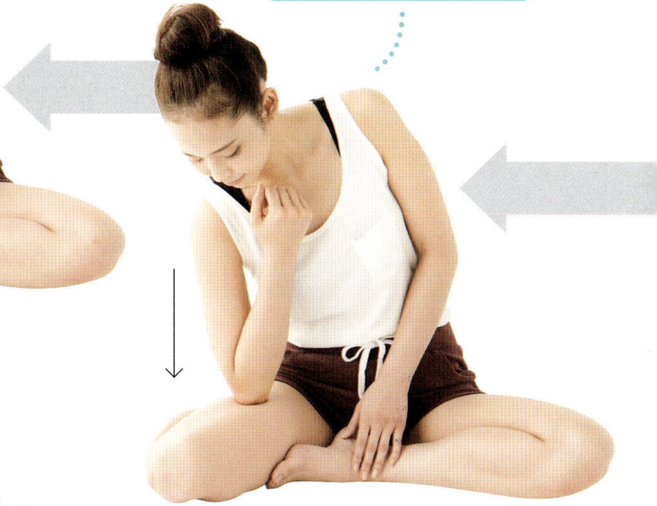

4. 老廃物をゴミ箱に流す

腕を使ってひざ上から老廃物をしっかり脚の付け根（そけいリンパ節）に集め流します。

2ポーズめ

身体の背面を伸ばしてリセット。さあ！ レッグメイクしましょう

DAY 6

足裏、ふくらはぎ、太もも後ろをしっかりストレッチし、まっすぐ伸びる美脚へ導きます！
脚のむくみ改善のはふくらはぎの筋肉ポンプが重要！血流を促進させ、悩み知らずのすっきり脚に。

1. 仰向けになりひざを立て、リラックス

両手を上に伸ばします。背中から脇の下とおなかまでをしっかり伸ばし、深呼吸。

Relax

2. グッと脚を上げてストレッチ

脚を上半身の方へ引き上げましょう！おなかにしっかり力を入れて息を吸い込みながら引き上げます。

Check

- □ 胸をしっかり広げ新鮮な空気をとり込む
- □ 腕はまっすぐ脇腹まで伸ばしてストレッチ
- □ 足の裏＆ふくらはぎをしっかりストレッチし、老廃物を排出！

× 10セット

タオルを引っ張りながらふくらはぎもしっかり伸ばしていきます。

3.

足裏の真ん中にタオルを引っ掛け伸ばす

両足の足裏にタオルを引っ掛けて左右の手でしっかりと持ち、足裏をしっかり伸ばします。

タオルを引っ張りながら行いましょう。

4.

かかとにタオルを引っ掛け、太ももも伸ばす

足裏に引っ掛けていたタオルの位置を今度はかかとに変えて足裏をさらに伸ばします。ハムストリングスにも効かせることで美脚に。

DIET COLUMN
— 007 —

呼吸を味方にして「やせ体質に！」

普段あたりまえにしている呼吸ですが、そもそも呼吸とは、息を吸うことで酸素を体内にとり入れ、息を吐くことで不要になった体内の二酸化酸素を身体の外に出す役割をしています。私たちは無意識に呼吸をしていますが、なんと1日に約2万回も行っているのです。その呼吸も意識することでやせ体質になります。

美しくなる呼吸

呼吸に気を付けると姿勢が良くなります。姿勢が良くなると酸素が全身に巡り、細胞の隅々まで酸素が行き渡り体内が活性化します。

横隔膜を意識して「やせ体質」になる呼吸法

横隔膜を意識して呼吸することで肋骨が動き、肋骨の間の小さい筋肉が動きます。 それにより内臓に酸素や血液が行き渡り代謝がアップするので、嬉しいことにウエストまわりに余分な老廃物や脂肪が溜まらなくなります。

1日の代謝を上げるために「朝起きたら」
脂肪を燃焼させるために「寝る前に」

1. 足を肩幅よりやや広めに開いて立ちます。
2. 姿勢を正し、肩の力を抜き、あごを引き、目を閉じます。
3. 口から息を吐きおなかの中の空気を出しきります。
4. おなかを凹ませて横隔膜を引き上げるよう意識しながら鼻から大きく息を吸いましょう。
   - □ 肺が広がる
   - □ あばらが広がる
   - □ 横隔膜が下がる
   - □ 腹横筋が横に広がる
5. おなかの力を抜いて横隔膜を下げるように意識しながらゆっくり息を吐きましょう。息を吐く時にお腹がぐっと凹むくらい思いきり吐き出しましょう。
   - □ 肺が締まる
   - □ あばらが締まる
   - □ 横隔膜が上がる
   - □ 腹横筋が内側に締まる

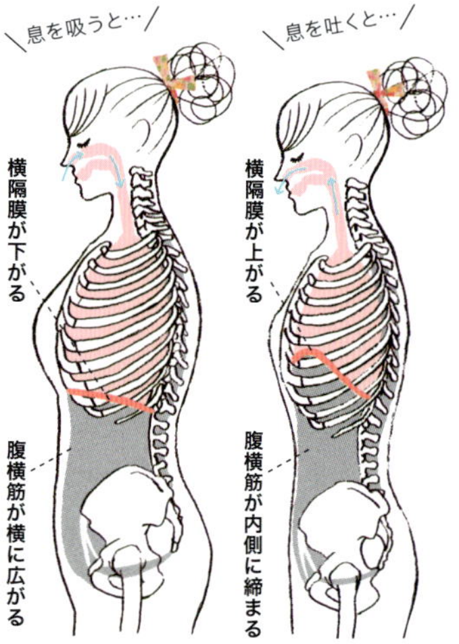

DAY 7

知らぬ間に老廃物が溜まってしまう ひざ上と股関節まわりをリセット

ついに折り返しの7日目！ ひざ上に乗っかったブヨブヨ肉も、股関節を硬くしてしまうのも老廃物の仕業。ひざ・股関節とも下半身の老廃物を中継する場所なので、揉んで、動かしてしっかりデトックスしましょう！

memo

1ポーズめ

ひざの上の ブヨブヨ肉を撃退！

DAY **7**

ひざ上まわりのブヨブヨ肉さえとれればすっきりするはず！ 美脚ポイントのひとつ「浮き上がったひざ小僧」をかなえるためには、ひざ周りの脂肪や老廃物を排出することが大事です。ひざ周りをきちんとマッサージすることで、ひざ関節も動きやすくなり、美脚に近付きます。

1.

ひざ上の老廃物をほぐす

ひざを立てて座り、ひざ上の老廃物を両手の親指で揉みほぐします。

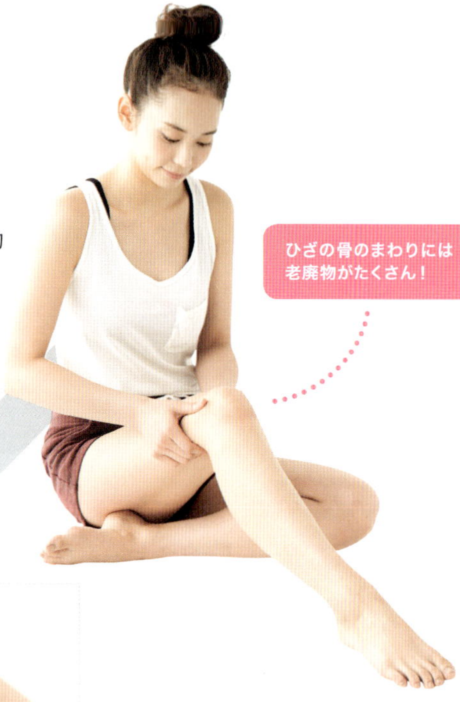

ひざの骨のまわりには老廃物がたくさん！

左右・上下にスムーズに動かなければひざ周辺の筋膜※の癒着がある証拠。本来はひざがい骨が目玉焼きの黄身のように左右・上下に動くことが理想なのです。

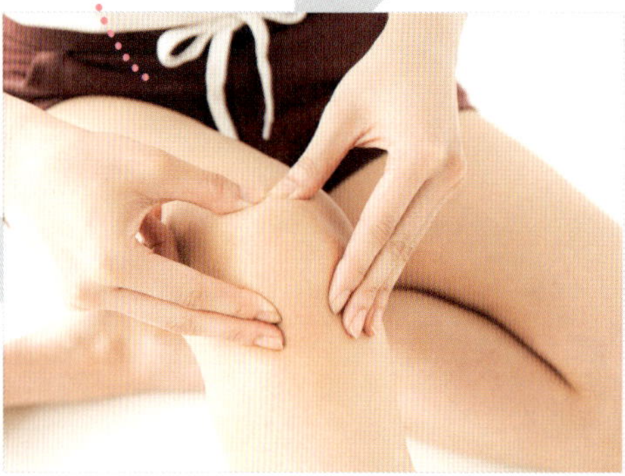

※筋肉はたくさんの筋繊維が筋膜という膜に覆われています。「骨&筋肉&内臓」のすべてを覆うのが筋膜です。癒着した筋膜をゆるませると筋肉はあるべき位置（＝自然な状態）に戻ります。

2.

ひざのお皿をグルグルほぐす

親指・人差し指・中指を使ってひざ小僧を指でつかみ、左右・上下に動かしゆるめます。

Check

- □ ひざのまわりが冷たいのは老廃物が溜まっている証拠
- □ ひざのお皿が左右・上下にスムーズに動くように老廃物をかき出す
- □ ひざ裏のリンパ節を開き流し入れる

× 左右10セット

3.

ひざ小僧をくっきりさせる

両手をにぎり、第2関節でひざがい骨のまわりを押しながら老廃物をほぐします。下から上にしっかりと揉み上げましょう。

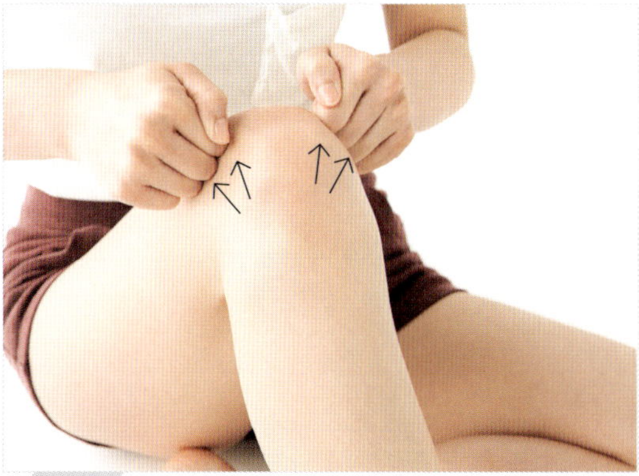

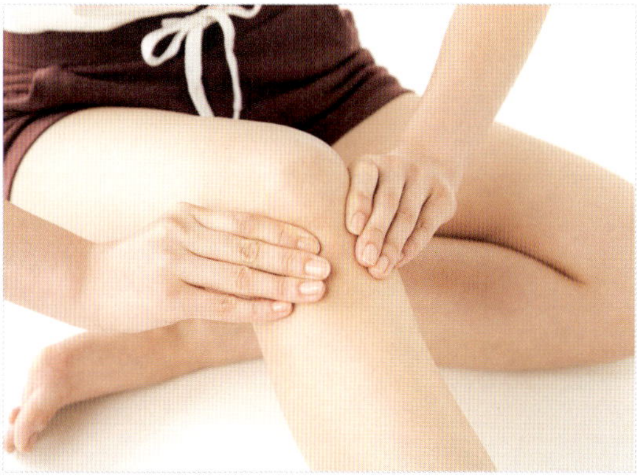

4.

ひざ裏をプッシュ！

ひざ裏のリンパ節をしっかり開きます。親指でひざ裏の凹みを押したままひざのまわりの老廃物をひざ裏に流し込みます。

2ポーズめ

DAY 7 美脚筋を育て、メリハリあるまっすぐ美脚に！

お尻にある中殿筋を刺激！ キレイなヒップと太もものラインを作ります。
大腿四頭筋とハムストリング、大殿筋、中殿筋を伸ばして後ろ姿美人に！

1. ひじとひざをつき、四つん這いでスタート！

ひじとひざを床につき、腰からお尻までしっかりストレッチ。

2. 腕で上半身を支え、お尻を伸ばす

そのまま上半身を前にスライドさせます。背中からお尻、太ももの裏までしっかり伸ばしましょう。

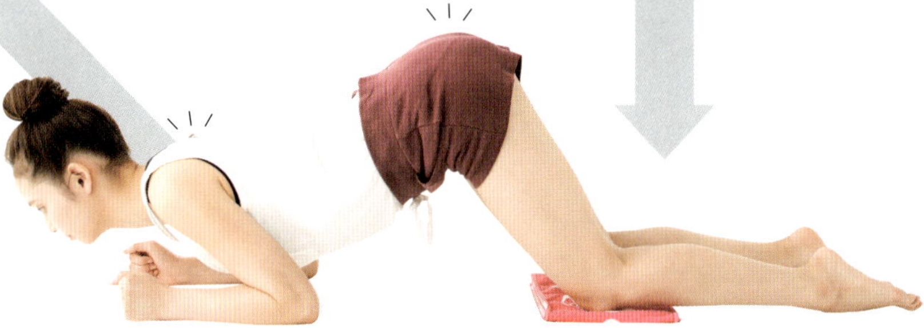

Check
- □ 腰からおしりにかけてまっすぐ伸ばす
- □ ヒップアップのための脚上げで脚も矯正する
- □ 脚の付け根のリンパ（そけいリンパ節）も刺激！

左右10セット

3. 腰からつま先まで一直線になるように伸ばす

1に戻りひざを床にスライドさせるようなイメージでゆっくりと
腰からつま先までまっすぐに伸ばしましょう。

4. 脚の付け根からググ～っと脚を上げる

上半身はそのままの状態で脚の付け根から後ろに蹴り上げるようにしっかりと脚を上げます。

DIET COLUMN

– 008 –

美脚になるための歩き方

骨盤を意識的に動かす「骨盤脚上げ」で美脚になる！！

check 1 普段歩くようにひざを上げてみてください。太ももの前には力が入っていますがおなかや腰の筋肉は働いていないのがわかりますか？
歩くときに太ももの力だけで足を引き上げると、前太ももが太くなりブス脚に！ 歩き方によっては脚のゆがみも生じてしまいます。

check 2 ウエストに手をあてて、ひざを内側に向けながらおしりを持ち上げるようなイメージで、ひざを上げましょう。骨盤周辺が硬くなっているのがわかりますか？
骨盤周辺のコアな筋肉を目覚めさせることで脇腹やお尻の筋肉も刺激することができます。

＼TRY／

骨盤で脚を持ち上げる「モンローウォークエクササイズ」

骨盤に手を置き、まっすぐ立ってください。肩のラインは動かさずに腰骨を左右交互に持ち上げましょう。骨盤は上半身と下半身の動きを連動させる大事な関節なので意識的に動かしましょう。この部分がスムーズに動くようになればもっとしなやかに女性らしいボディラインが実現！

最初は難しく感じますが、繰り返し行うとより骨盤の動きを意識することができます。

正しい姿勢でスリムになる歩き方

美脚になる歩き方のポイントは姿勢と骨盤がポイント！ 姿勢を正し、つま先からではなく骨盤から一歩前に歩き出すように意識しましょう！ 歩くだけでさらにインナーマッスルが鍛えられ美しい脚のラインが手に入ること間違いなし！ ヒップアップ、脂肪燃焼、肩コリの軽減、正しい筋肉の使い方などが身に付きスタイルアップします！！

1. 頭の上から糸で引っ張られているように身体をまっすぐ引き上げるようなイメージで姿勢を正すことからスタート。

2. 正しい姿勢から骨盤を前に出しながら1歩踏み出します。そのときに骨盤を並行にスライドさせるように前へ出します。上半身に下半身がついてくるイメージで歩きます。

DAY 8

セルライトを徹底的に
つぶし、凸凹を解消！
引き締まった太ももを手に入れよう

太もものセルライトは両手で揉みほぐし、脚の付け根のリンパ節に流し込みます。＋α筋肉ポンプで老廃物を排泄できるように内ももの筋肉をしっかり刺激してWで撃退しましょう。

memo

1ポーズめ

太もものセルライトを つぶし、なめらかな太ももに

DAY **8**

**多くの女性は太ももに老廃物が溜まってしまい、凸凹セルライトができています！
太ももの筋肉をほぐしてリラックスさせ、脂肪が効率良く燃焼できる状態にし、
血流も整えてセルライトの発生を防止・除去しましょう！**

1.

太ももの外側のセルライトをつぶす

太ももの外側のセルライトを両手で挟んでつぶしていきます。下から上に向けてしっかりと揉みほぐしましょう。

自重を使って!!

2.

脚の付け根のリンパ節を刺激

脚の付け根のそけいリンパ節をしっかり押します。リズミカルに押しながら最後にググ〜っと力を入れます。

Check

- □ 太ももが冷たい場合はセルライトができている可能性大！
- □ ゆっくり揉みほぐして、Yの字でかき出しましょう
- □ こぶしの第2関節でそけいリンパ節まで流すのがポイント

× 左右10セット

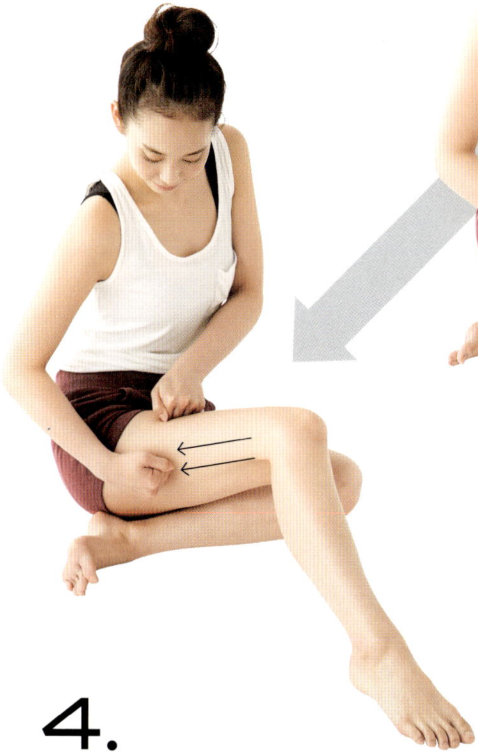

3.

Y字で一気にセルライトをかき出す！

両手の親指と人差し指のY字で太ももの外側を挟み、ひざの上から脚の付け根のリンパ節へ流す。

4.

こぶしでしっかり流し切る

両手のこぶしを使い脚の付け根まで老廃物を集めて、そけいリンパ節へ！

2ポーズめ

太もも、股関節、脚の付け根、ヒップを同時にアプローチ

DAY 8

太ももの内側のラインを美しくして、美脚のポイントでもある内ももの隙間メイクを！
丸く引き締まったヒップと柔軟な股関節、美脚を実現できるエクササイズ。

1. 横になり、ひじをついて頭を支える

腕を身体の前につき、体重をかけます。
ひじを曲げてしっかり支えるようにしましょう！

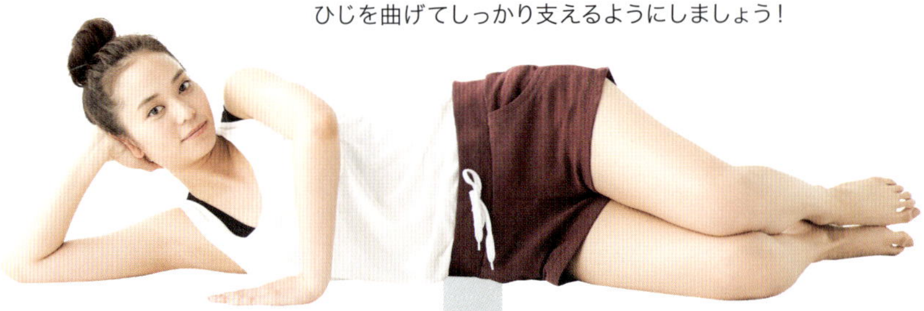

2. 左脚をパカッと開きます

脚の付け根から動かし大きく脚を開きます。

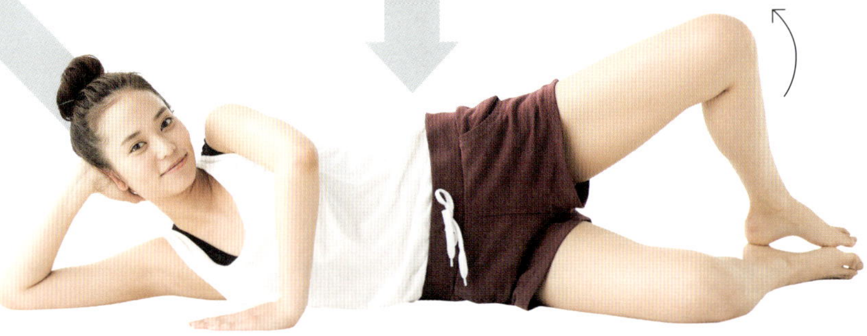

Check

- ☐ 上半身がブレないように片方の手でしっかり支えましょう
- ☐ 脚をパカッと開き、お尻の筋肉をキュッと絞める
- ☐ 脚全体の筋肉を意識しましょう

× 左右10セット

3. お尻にぎゅっと力を入れて引き上げます

お尻にぎゅっと力を入れたままひざをより上に持ち上げます。

ピタッと脚がつかないように最後まで力を抜かないようにキープ！

4. 両ひざがくっつく寸前までおろします

両ひざがくっつく寸前までおろし 15 秒キープしたらまた開きます。

DIET COLUMN

– 009 –

バスタイムがキレイを作る！

1日の疲れを癒やし、くつろぎ、キレイを手に入れるバスタイム。バスタイムを制するものは美を制するといっても過言ではないほど女性にとってバスタイムは大事な時間！ バスタブに入ってしっかり身体を温めることは代謝をアップさせるためにもぜひ習慣にしていただきたいこと。バスタブの中で足首をまわしたり、ふくらはぎを揉んだり、太もものセルライトをつぶしたり、表情筋を意識的に動かしたり……美しくなるためにできることはたくさんあります。

バスソルトをカスタマイズ !!

その日の気分によってアロマオイルをプラスし、自分だけのバスソルトでリフレッシュ。

1.Talia バスソルト

私が愛用しているバスソルトは死海の塩やミネラルの成分によって身体を温め、カロリーの消費量を上げることができます。

2.Talia ボディスクラブ

私の愛用しているスクラブは粒子が細かく、肌への負担が少ないため下着が触れる部分やデコルテ、脇の下、首などもスクラブでクルクルしてツルツルピカピカな肌に。

3.CLARINS マルチマス

私は約20年以上使っているボディ用美容ツール。特に脚のケアには特化し、5面を使い分け。足裏やアキレス腱、ふくらはぎのケア、太もものセルライトも撃退できます。

4. アロマスパヘアソープ Aroma Pro Organics

11種類の天然植物成分配合。自然なハリとコシを与え、ツヤのある美しい髪に。

5. CLARINS トータルリフトマンスール

すっきりとボディの肌を引き締め、ハリを与えるボディ用肌引き締め美容液。

DAY 9

お尻と脚の再教育で
ヒップラインが美しい理想の脚に！

後ろ姿は他人に見られています。いつ見られても恥ずかしくないバックスタイルを手に入れるために、太ももの老廃物を排除して、普段上手に使えていない太ももや脚の後ろ側を意識することで美しく形を整えましょう。

memo

1ポーズめ

後ろの太ももを磨いて後ろ姿美人に！

DAY 9

太ももの後ろ側はなかなかチェックできない部分でもありますが、きちんとケアをすれば後ろ姿にも自信が持てるはず！ 太ももの筋肉をほぐしてリラックスさせ、脂肪が効率良く燃焼できる状態にしましょう。

1. ひざ裏から引き上げる！

人差し指と中指・薬指をひざ裏から後ろ太ももの中心にあて、お尻の方へ引き上げます。

2. お尻からグルッと前に揉み上げる

３本の指で後ろ太ももから盧廃物を集め、脚の付け根のリンパ節へ流します。

Check

- ☐ ひざ裏と脚の付け根のWアプローチですっきり太ももを実現
- ☐ ヒップと脚の境目をしっかりメイク
- ☐ 太もも裏の凸凹を撃退！

左右10セット

4.

ひざの裏から流す！

太ももの後ろ側を両手でしっかり押さえながらお尻の方へ引き寄せ、太もも後ろのラインを整えましょう。

3.

脚の付け根のリンパ節を刺激！

脚の付け根のリンパ節をしっかり開くように親指で押します。外側・内側の太ももを両手で挟みつぶすように親指と人差し指のY字を使って揉みほぐします。

2ポーズめ

脚を動かして血液の流れを良くし、一気にすっきり！

DAY 9

後方へ脚を蹴り上げることで、ヒップ～ももの裏側の筋肉にかけてスラリとする効果大。ヒップ～太ももの裏側の筋肉を十分に意識しながら行い、確実に美脚へと導いてくれるエクササイズです。

1.

つま先を上げ、下げ

腰に手を置き、ひざを上に上げます。つま先までしっかり伸ばしてひざを上下に動かします。

軸脚である左脚のもも裏もしっかり伸ばしてスラリ脚に！

2.

バランスをとってポーズ

そのまま大きく脚を後ろに蹴り上げます。脚はまっすぐなままお尻までしっかり伸ばしましょう。脚の付け根にあるリンパ節を刺激し、バランスをとることで筋肉を整え美しいラインへ。

Check	☐ 脚を伸ばして脚全体の血液もリンパもケア
	☐ 脚のラインをスラリとさせるように太ももの筋肉をストレッチ
	☐ 足先をぶらぶらさせて足の指まで動かす感覚を感じる

✕ 左右10セット

3.
つま先からゆっくりと脚を戻す

つま先からゆっくりと戻し、つま先を上下に動かして前太ももをしっかり刺激しましょう。

余裕がある人はつま先で円を描いてみましょう

腰からしっかり曲げるようにしましょう。

4.
脚をクロスして伸ばす！

脚をクロスさせ、お辞儀をするように頭を下げます。脚の後ろ全体が伸びるように意識しながらふくらはぎ、お尻の筋肉をしっかり伸ばします。

DIET COLUMN

– 010 –

足裏の反射区を知って
もっとやせやすい「カラダ」に！

反射区とは様々な器官や部位につながる末梢神経が集中しているゾーン。ここを意識的に押すと関連する器官と生理機能が刺激され、血液循環が良くなります。つまり反射区を触れば身体の状態がわかりますし、逆に反射区を刺激すれば、身体の各器官が活発に働くようになって美しく、健康になるのです。たとえば眼精疲労を感じたら下の図の青色の「目」のゾーンを、便秘気味かなと思ったらグレーの「腸」を、むくみが気になる時は「膀胱」「腎臓」「肝臓」「尿道」を押してみて。

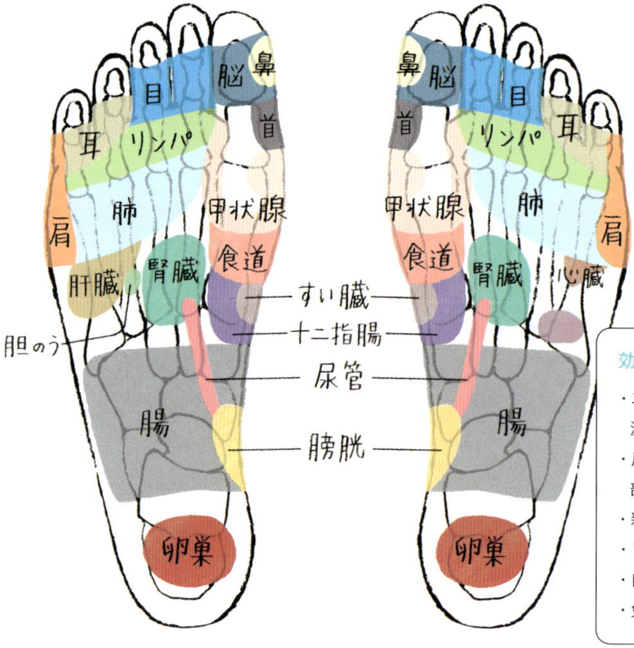

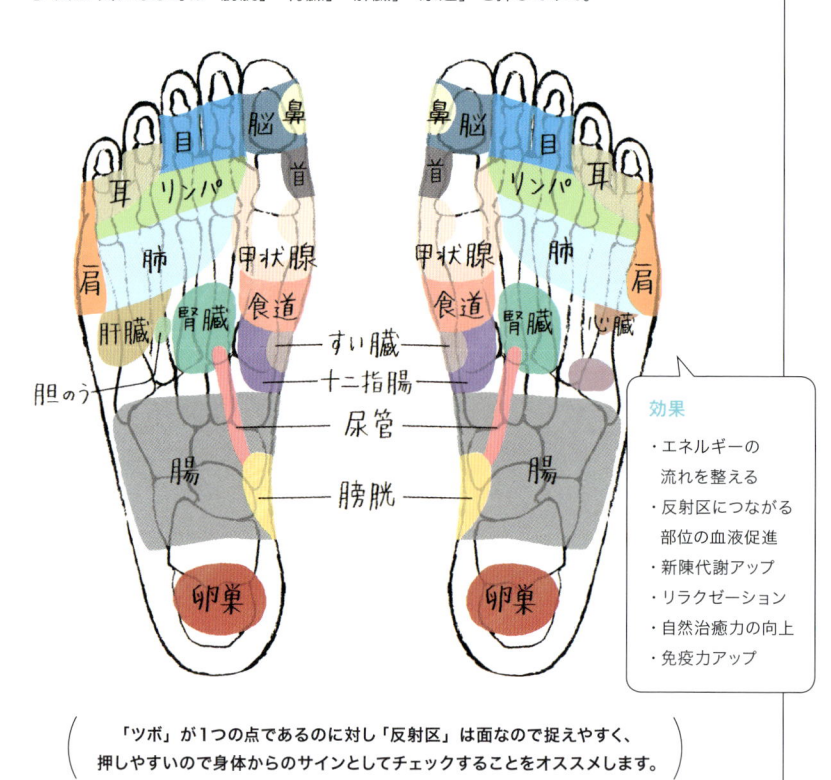

効果

- エネルギーの流れを整える
- 反射区につながる部位の血液促進
- 新陳代謝アップ
- リラクゼーション
- 自然治癒力の向上
- 免疫力アップ

「ツボ」が1つの点であるのに対し「反射区」は面なので捉えやすく、押しやすいので身体からのサインとしてチェックすることをオススメします。

DAY 10

ヒップ＆くびれたウエストを作り美BODYに近付ける！

理想的なふくらはぎはほんのりあたたく、適度な弾力があり、やわらかさもあること！ 寝る前に簡単にふくらはぎをケアでき、同時にひざの裏のリンパ節も刺激することができます。お尻とウエストメイクにはお尻歩きがとても効果的！ 簡単に見えるけど効果は絶大です !!!

memo

1ポーズめ

ふくらはぎはいつもやわらかく！弾力を取り戻そう！

DAY 10

血流が悪くなると冷えやすくなり、脚全体がむくんでブス脚に。理想のふくらはぎはほんのりとあたたかく、適度な弾力があること。筋肉は疲労物質である乳酸が溜まっていないやわらかい状態がベストなので、寝る前のケアとしてオススメです。

1. ふくらはぎを自重で押す

仰向けになり、手の平を床につけ、左脚のひざを曲げて右脚の足首を乗せます。

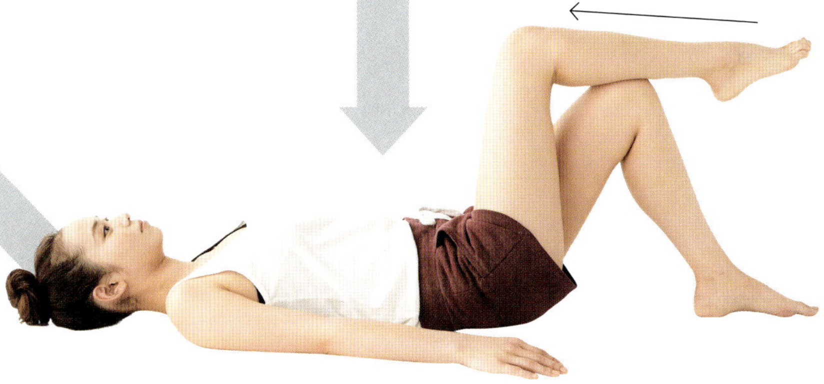

2. スライドしながらプッシュ

右脚の足首からひざ裏まで左脚のひざの上を滑らせて刺激します。
右脚の自重を使って、ふくらはぎの弾力を蘇らせます。

Check

- ☐ ずぼらさんでも簡単にできるので寝る前にオススメ
- ☐ ひざ裏のリンパ節を刺激してデトックス
- ☐ ふくらはぎと脚の付け根、背骨にもアプローチできるポーズ

× 左右10セット

3. ひざ裏のリンパを刺激！

左脚のひざに右脚のひざの裏をあてリンパ節を刺激します。

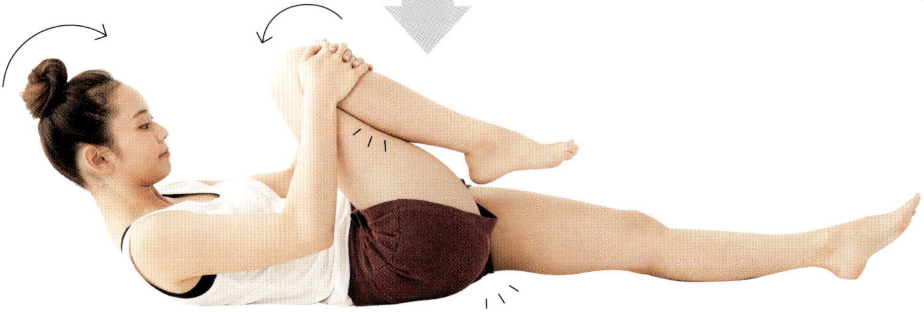

4. お尻をストレッチ

おへそを覗き込みように頭をゆっくり上げます。右脚をしっかり抱えおなかへ引き寄せましょう。ふくらはぎが適度に圧迫され、お尻から背中まで心地良く伸びるのを感じられるはずです。

2ポーズめ

骨盤矯正もできるお尻歩きで美尻&美脚に

DAY 10

お尻歩きは、骨盤まわりの筋肉をしっかり使うので下半身やせに効果があります。
代謝がアップし、内臓の位置を正してスタイルの改善にもなります！
床に座り、お尻で歩くだけですが、イメージよりとってもハード！

1. 基本のポーズでスタート

両脚を伸ばし足の指が真上に向くように座ります。右脚と右手、左脚と左手を同時に前に出し、お尻で歩きます。そのままの体勢で５歩進み５歩下がりましょう！

両方のかかとが床から離れないように意識しましょう！

かなりキツイけど頑張って！

2. 肩甲骨をしっかりストレッチ

肩甲骨をストレッチしながらお尻で歩きます。
そのままの体勢で５歩進み５歩下がりましょう！

Check

- ☐ 両手を振ると前進しやすいです
- ☐ 肩甲骨の可動域を広げ、やせスイッチである褐色脂肪細胞を刺激して
- ☐ ウエストをひねりながら前進するとくびれもメイク!!

× 10セット

腹斜筋という脇腹まわりの筋肉も鍛えられるので普通の腹筋では鍛えられない横腹の筋肉も鍛えられウエスト全体を引き締める効果も! 内臓を支えている「骨盤底筋」もしっかり刺激でき、鍛えられることで内臓が正しい位置に戻り、ぽっこりお腹の解消も!

お尻歩きによって骨盤が整い、腰まわりを中心とした筋肉を鍛えることができ、子宮あたりの血行を改善し生理不順や生理痛を緩和することも!

2よりキツイけど
頑張って!

3. 両手を上げてお尻で歩くとウエストに効く!

両手をまっすぐ上に上げてそのままお尻で歩きます。そのままの体勢で5歩進み5歩下がります。

4. 内もも・お尻をストレッチ

左右の足裏を合わせ、膝を開いて太ももの内側を伸ばしましょう! 深呼吸をしながらしっかりとストレッチしてお尻と太ももの筋肉をしっかり伸ばして!

DIET COLUMN

– 011 –

寝る前の５分ストレッチが美人を作る

寝る前のリラックスタイムに行うストレッチで寝つきが良く、
翌日の目覚めもすっきり！

寝る前のストレッチで

- 筋肉がやわらかくなることで代謝が上がり、やせ体質に！
- むくみや疲労をリセットして翌朝すっきり！
- ストレッチでコリを改善！ 寝ている間にリセットできる！

足裏をほぐしましょう

１日歩いた足をいたわるように足裏を指の第２関節でググッーとゆっくり押しましょう！

仰向けになりゆっくり深呼吸しながら伸びをします

手の先から足の先までしっかり伸ばしましょう。特におなかまわりがしっかり伸びるように意識して！

仰向けになりひざを開いて股関節をストレッチ

左右の足裏をつけて股関節を伸ばしましょう。

手首を∞の字にまわしましょう

手首の関節をしっかりリリースして、１日の疲れを取り除きましょう。

仰向きで脚をクロスし、横に倒し、腰のストレッチをしましょう

右脚を曲げ左脚のひざの外側にかかとがくるように置き、そのまま右脚のひざが床につくように腰を支点に倒します。

お部屋を暗くしてベッドで行うとそのまま寝てしまっても安心

また好きな香り……アロマでも香水でも良いので好きな香りにつつまれながら行うとよりリラックスできます。

寝る前なので交感神経を刺激しないようにゆっくり、静かに、おだやかに行いましょう。呼吸を意識しながらゆっくりと行って。

DAY 11

老廃物を流して
キュッと細い足首をメイク。
股関節を柔軟にして美脚完成間近！

足首は老廃物が隠れているゾーンです。しっかりかき出し、可動域を広げることでキュッと締まった足首を作りましょう！ そして股関節を柔軟にし、全身に血液が巡る健康的な美脚を完成させましょう！

memo

1ポーズめ

つま先の上げ下げでキュッと細い足首に！

DAY 11

つま先を動かし、足首に溜まった老廃物をかき出しましょう。
足首のまわりは気が付くと老廃物が溜まり、関節が硬くなっています。
きちんとケアすれば血液の流れも、リンパの流れも良くなり、足首がほっそりします。

1. くぼみから足首リリース

親指でくるぶしとくるぶしの中間にある足首のくぼみをおさえます。

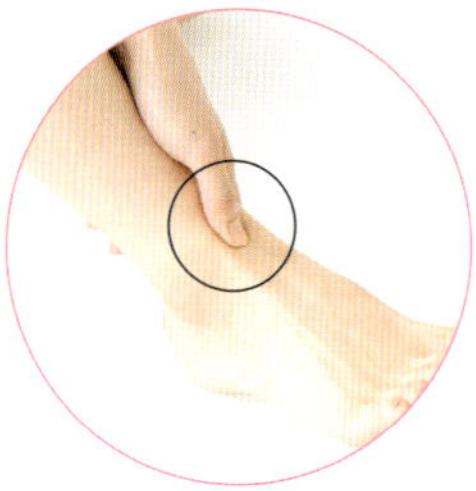

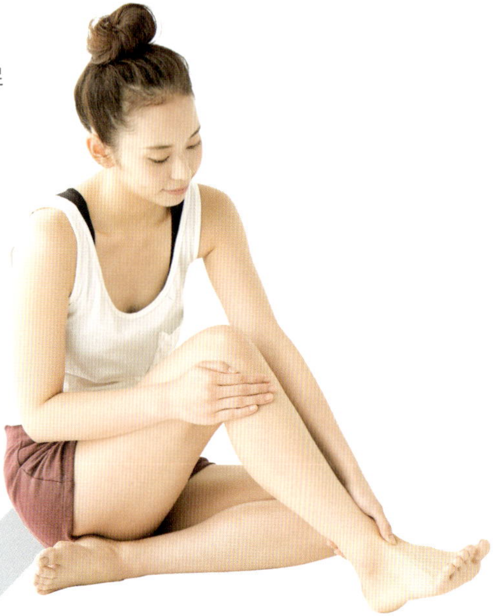

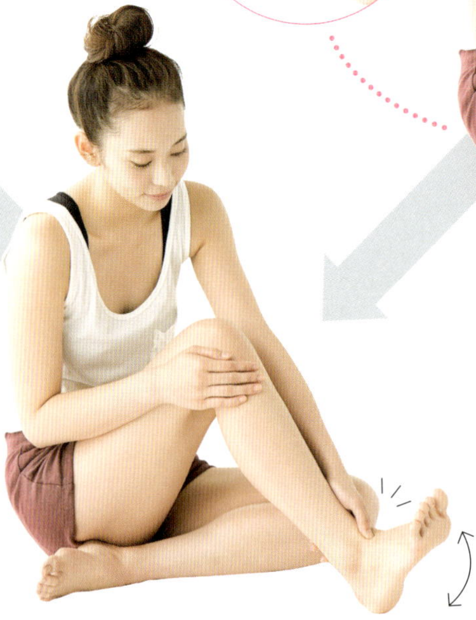

2. くぼみをギュギュ〜っと刺激！

かかとをしっかりつけたまま、くぼみをおさえながらつま先を上下に動かします。

Check

- □ 足首の中心のくぼみをしっかり押しましょう。
- □ 足首を手で掴み、くるくると老廃物をほぐしましょう。
- □ 足の先に溜まった老廃物を集めて流しましょう。

× 左右10セット

3.

足首の老廃物をほぐす！

足首をつかみくるくるとまわしながら老廃物をかき出しましょう。

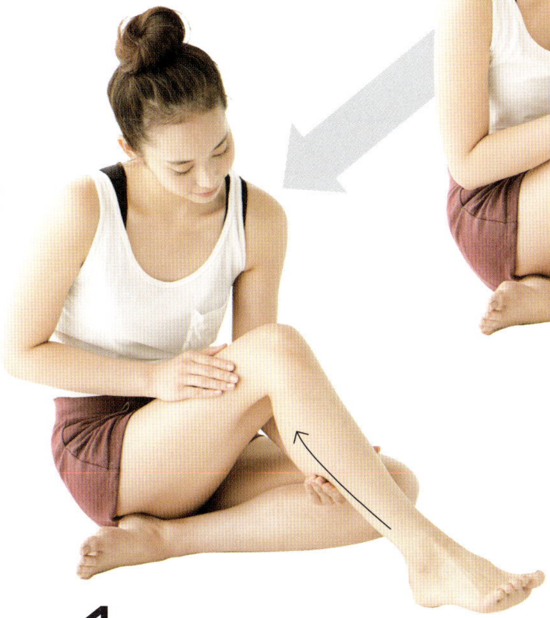

4.

老廃物はひざ裏のリンパ節へ！

足首からひざ裏まで押しながらほぐし、
足先の老廃物をひざの裏へ流します。

2ポーズめ

DAY 11

股関節をやわらかくして しなやかな美脚を作る！

股関節のまわりには23もの筋肉があり、前に曲げたり後ろに伸ばしたり、外側にも内側にも伸ばせる、内股にも外股にもねじるなどの動きができるのはその筋肉のおかげなのです。股関節はリンパ・血管が集中しているのでしっかり刺激してしなやかな美脚に！

腰骨の出っ張りの少し上のくぼみからおなかの中心に向かってさすりましょう。

1.

股関節をストレッチ

股関節を大きく開いて座ります。股関節が硬い人はお尻を浮かせてもOK。

上半身だけを動かし、腰から下は動かさないように意識！

2.

右肩をおろし、胸を張る！

そのまま右肩をおとしながら右胸を突き出します。

Check

- □ 上半身だけをぐるっとまわし、股関節を刺激しましょう
- □ 腹筋を意識し上半身を後ろに倒す
- □ 腰の骨の出っ張りの少し上のくぼみからおなかの中心へさする

× 左右10セット

ゆっくりなめらかな動きを心がけて！

3.

上半身をぐるっとまわす

上半身を大きく円を描くようにまわします。左にスライドしたら左胸を突き出すように意識し動かします。

右まわり3回、左まわり3回を3セット行いましょう！

4.

上半身を半周させたら腹筋にアプローチ

上半身を半周させたら最後に骨盤を後ろに倒し、背中を丸めて腹筋を刺激します。

DIET COLUMN

– 012 –

キレイを作る私のマストアイテム

私が美をキープするために愛用しているお気に入りアイテムを紹介します。

サロンオリジナルタオル

本誌でも使用している、ストレッチに最適なオリジナルマフラータオル。ロゴが持つ位置や長さの目安になっています。

オーガニックマヌカハニー

美と健康を保つために 6 年間毎日食べている「マヌカハニー」。風邪予防はもちろん、免疫力 UP、自然治癒力 UP、切り傷や火傷にも効果大！バックにいつも忍ばせています。

美 Conscious スリミングオイル

オーガニック認証を受け、サロンで使用しているスリミングオイル。体に溜まってしまった老廃物をいち早く排出することこだわったアイテム。

Aroma Pro Organics ヘアトリートメントオイル

「髪は女の命」古くから日本女性のキレイを支えてきた「椿油」。五島列島の希少な椿油に薔薇ダマスクローズ、アプリコットオイルをブレンド。頭皮はもちろんボディにも使える万能オイル。

APRIAGE

モイストスーパーローションと杏仁オイル。「潤す」「守る」を叶えてくれるアイテム。粒イボにも効くオイルはつかい心地がよく保湿効果スゴイ！乾燥したお肌の救世主！

AGARU SERUM

商品名そのまま！ フェイスラインがAGARU ～あがる～のです！ リンパと血液の流れを促進し、フェイスラインをしっかり上げてくれる優れもの。メイクの上からも使用できる美容液。

はくばく もち麦

私はもち麦を白米と炊くのでなくサラダのトッピングにしたり、スープに入れたり、納豆に混ぜたり。便秘解消し、代謝アップ、美肌効果もあり、女性にはうれしい効果がたくさん！

みるみるスリム！ ミラクル足首バンド

足首の関節をゆるめ、定位置に戻すことでひざ関節、股関節、骨盤、背骨が整い美ボディに！ ミラクル足首バンドをつけて身体を動かせば代謝がアップしていることが感じられるはず。(2016.7 月より一般販売開始)

Talia ソルト ピュア ミネラル ピュアデッドシー バスソルト

イスラエルの死海の塩のバスソルト。毎日のバスタイムには欠かせないアイテムです。しっかりと身体が温まるので疲れもとれ、ゆっくり眠りにつくことができます。

DAY 12

身体の側面のケアと
美脚のメリハリを作るケアで
上半身と下半身のバランスを整える

上半身と下半身のバランスを整えるためのマッサージ＆エクササイズ。二の腕の引き締めと流れたバストを集めてバストアップ。肋骨の間の老廃物をしっかりかき出し、脚の側面を整えます。下半身は腹筋にも力を入れて脚全体を動かし、均等な筋肉をつけて、まもなくメリハリ美脚に！

memo

1ポーズめ

身体の側面をマッサージ

DAY 12

二の腕、脇の下、肋骨、ウエスト、脚の外側のラインを整える！ 美脚になる準備と一緒にしたいのが身体の側面をしっかり整えること。横から見てもフォルム美人になるためのマッサージです。

1. 二の腕をシェイプ

二の腕の外側から身体に向かって内側に絞るようにひねります。痛みがある場合はセルライトができている証拠。ひじから脇へ向かって絞るように、上から、横から、下からとつかむ方向を変えて脇の下のリンパへ流しましょう。

2. 脇肉はバストへ移動

片腕を上げて脇の下のくぼみをしっかり押します。

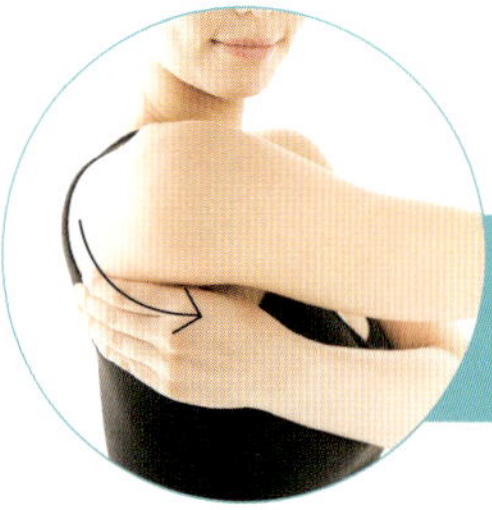

指の腹を使い、肩甲骨の横にあるくぼみを押し、脇の肉をつかみ脇の下からバストまでしっかり移動させましょう。

Check

- □ 二の腕を絞ってセルライトをつぶしましょう
- □ 背中に流れてしまったバストは元の位置に戻しましょう
- □ 肋骨の間にも老廃物があるのでしっかりかき出しましょう

× 左右10セット

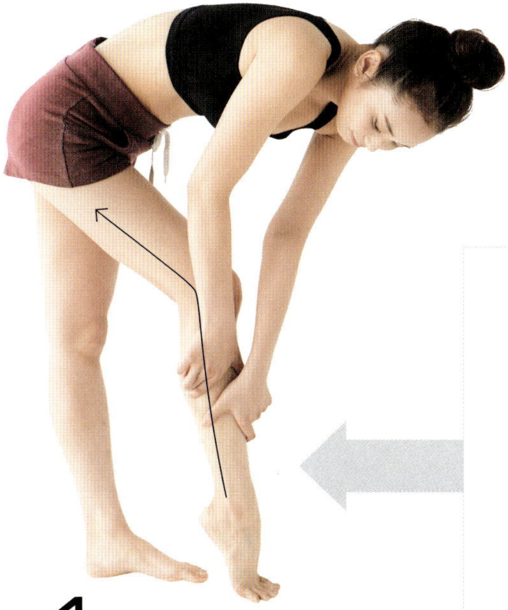

3.

脇の下からウエストを美しく！

肋骨に沿って指をスライドさせ、肋骨の骨と骨の間の老廃物をしっかりかき出します。

背中のハミ肉を撃退でき、バストアップにもつながります。

4.

すらっとした脚は側面磨きから！

脚の外側は老廃物が溜まりやすく、セルライトができやすいゾーンです。しっかりもみほぐし、最後に足首から脚の付け根までなでるようにし、脚の付け根のリンパ節に流します。

2ポーズめ

まっすぐすらっと伸びた美脚をつくる！

DAY 12

おなかを引き締めてウエストラインを整え、美脚へと導きます。ぽっこりおなか改善だけではなく背骨や骨盤のゆがみが直り、おなかまわりがシェイプアップされ、腰痛の軽減など嬉しい効果も！

身体の表面にある筋肉はアウターマッスルといい筋トレをすることで鍛えられます。それに対し、インナーマッスルは体の奥深くにある小さな筋肉のことで姿勢を保ったり、内臓を支えるなどの役割をしています。このエクササイズで負荷をかけ過ぎずにアウターマッスルとインナーマッスルを同時に鍛えることができるのです。

1. 手を腰の下に置いてリラックス

仰向けになり、手は腰の下に置くのが基本ポーズ。

床に背中をしっかりつけるように意識しましょう！

2. 揃えた両脚を持ち上げる

仰向けになり両脚を揃えて斜め４５度に上げ、脚をまっすぐ伸ばして 20 秒キープします。

Check

- ☐ 背骨のＳ字を意識できるように手を腰に入れる
- ☐ おなかと脚全体の筋肉にしっかりアプローチ
- ☐ 自転車をこぐようなイメージで脚の付け根から脚をしっかり動かすように意識しましょう

左右10セット

3. 右脚を曲げてスライドさせる

ひざを開かないようにし、つま先をしっかりと伸ばしながら左脚の内側をすべらせてひざ上までスライドさせます。

4の後、最後まで気を抜かずゆっくりと脚をおろし、床から3cmほどのところで5秒キープしたらゆっくり床に脚をつけます。

4. 右脚の次は左脚をスライドさせる

ひざが開かないようにし、つま先をしっかりと伸ばしながら左脚の内側をすべらせてひざ上までスライドさせます。

DIET COLUMN

— 013 —

好きな香りを味方につけよう

脳には考える部分「大脳新皮質」と感じる部分「大脳辺縁系」があり、本来、心と身体に正しい指令を出しています。 しかしこのバランスがうまくとれなくなると血流も悪くなり、リンパの流れも悪くなります。 香りは脳の考える部分ではなく、感じる部分にダイレクトに伝わります。この大脳辺縁系とは、本能的な部分や喜怒哀楽を司るので、心と身体のバランスを整えてくれる効果があります。香りは視床下部という部分へも伝わり、自律神経、ホルモン、免疫のバランスなど、身体の調整をしてくれるのです。

アロマタッチ リンパストレッチ

私は毎日マッサージ＆ストレッチを行う時も「香り」でバリアを張るようなイメージで空間を作ります。その時に自分がかいで心地良く感じるアロマオイル、もしくは香水を使います。足裏からしっかりマッサージをし、浄化＆デトックスしていきます。足裏に溜まった老廃物をしっかり排泄できるようにマッサージし、関節である足首や足の指もしっかりほぐしていきます。ポーズをとることよりも、軽く身体を動かし、身体を手で触り、さすり、香りで脳をリラックスさせながら身体を解放していくイメージです。こうして香りを味方につけて、脳をリラックスさせてあげながらマッサージやストレッチを行うとより効果的。脳をリラックスさせることができると自分の身体の声を聞くことができるようになります。

＼ Yuko's Favorite Items ／

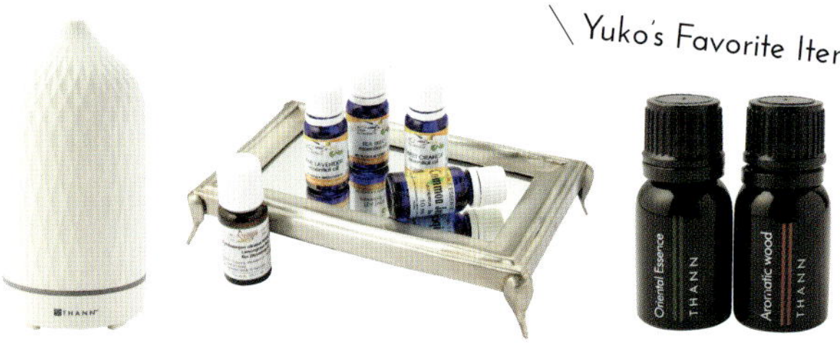

写真左から順に：THANN のアロマディフューザー「ピオニー」（毎秒 250 万個の超音波振動によるきめ細やかな粒子のミストで広範囲に香りを拡散することができる優れもの）。オーガニックアロマオイル（AromaSan.LAPHT PhytoFrance）。THANN のエッセンシャルオイル（AW ／ OE）

DAY 13

全身をしっかりストレッチし しなやかな動きができる 女性らしい曲線を手に入れよう

7つの首の骨を意識しながら無理をせずにストレッチ。脚を上げることにより背骨全体をしっかり伸ばすこともできます。そして太ももメイクを加えることにより、曲線美が実現！ 久式究極のボディメイクストレッチ＆マッサージです。

memo

1ポーズめ

ヒップの丸みとまっすぐな脚で女性らしいボディラインを作る

DAY 13

ヒップのリフトアップで美脚をブラッシュアップ。脂肪を徹底的にリフトアップし、理想のヒップを作りましょう。指をしっかり使い脂肪を集めてメイクします。

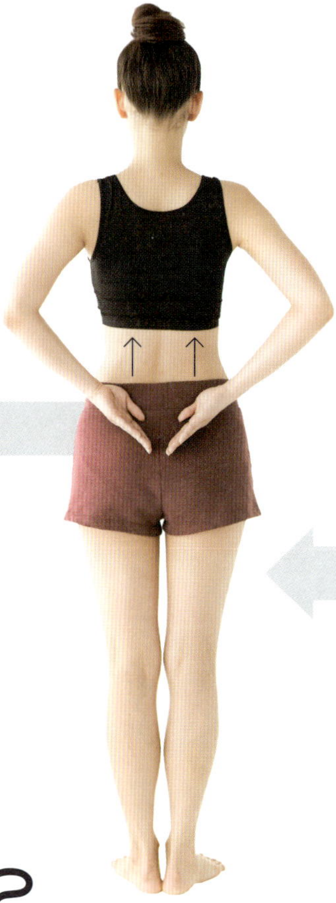

1. ヒップの外側をケア

人差し指、中指、薬指を使って、ヒップの下の中心部に指を置き、ヒップラインより外側を通り、ヒップの横まで引き上げます。

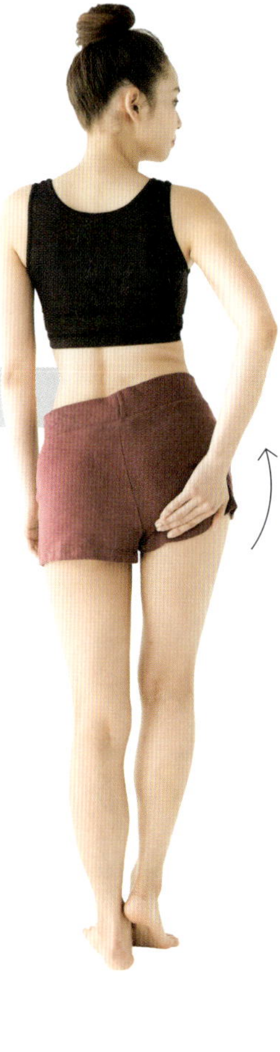

2. ヒップの内側をケア

人差し指、中指、薬指を使って尾てい骨よりも少し下の部分からＶ字を描くように引き上げます。

Check

- ☐ 太ももとヒップの境目をググッと引き上げる
- ☐ 尾てい骨を定位置に戻しましょう
- ☐ 脂肪をかき集めて丸いヒップを作る

× 左右10セット

3. 側面の丸みを作る

太ももからお尻、ウエストにかけてさすり上げ、ヒップの丸みを形成させましょう。

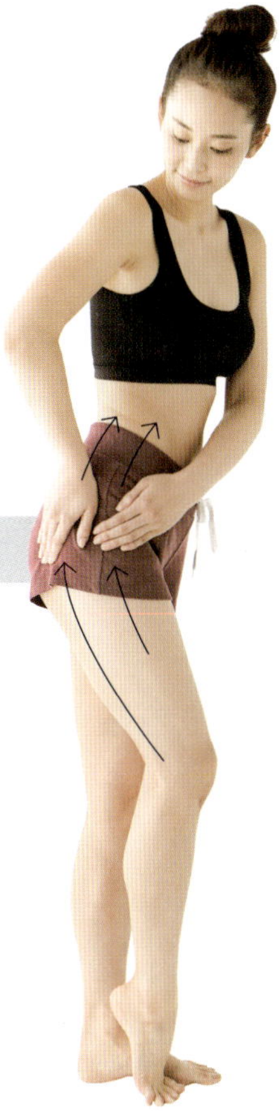

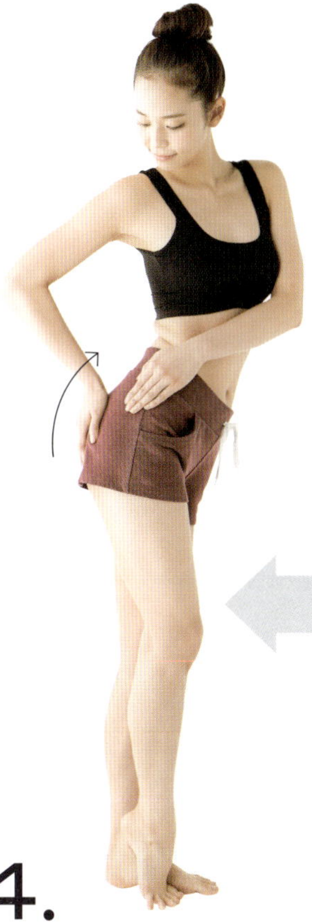

4. 脂肪を徹底的にリフトアップ

太ももからお尻に脂肪をかき集めるようなイメージでしっかりとさすり上げましょう。

2ポーズめ

DAY 13

まっすぐで美しい脚ラインをつくる

両脚をしっかり上げることで下半身の筋肉が刺激され、同時に腹筋も刺激！
美脚の条件である、ほどよく筋肉があり、まっすぐ伸びた脚を作ることができます。

1. 仰向けでリラックスの姿勢からスタート

仰向けになり、手を頭の下に置きます。つま先までしっかり意識をしながら伸ばし、新鮮な空気を送り込むようなイメージでゆっくり深呼吸をしましょう！

2. 首の骨のストレッチ！

おへそを見るように頭を上げ、首の骨のストレッチをします。

Check

- ☐ 深呼吸をしてリラックスしてからスタート
- ☐ 首の骨7つをしっかり伸ばしましょう
- ☐ 脚は床と90度になるように意識して

左右10セット

つま先までしっかり伸ばしましょう。
90°
ゆっくり5回行いましょう！

3.

脚を真上に！！

なるべくひざを曲げないように床と脚は90度になるように脚を上に上げます。

脚はなるべくまっすぐキープしながら両脚をクロスさせます。
90°

4.

つま先を交互にクロスさせます

両脚をクロスさせます。なるべく脚は真っ直ぐキープ！

DIET COLUMN

— 014 —

リラックスする時間を作ろう

身体の機能をコントロールしている「自律神経」のバランスを整えましょう。自律神経とは「活動モードの交感神経」と「休息モードの副交感神経」との2つから成り立っています。「交感神経」は運動している時や緊張している時に働き、「副交感神経」はリラックスしている時、休んでいる時に働きます。日頃からストレスを感じる方は「活動モード」の交感神経ばかりが働いている状態で呼吸が浅くなり、血流も滞りがちで身体も心も休められていません。「休息モード」の副交感神経を活発にするためには意識的に深呼吸をし、リラックス状態になれるように凝り固まった心と体をほぐしてあげましょう。そうすることで血流が良くなり、必要な栄養や酸素が隅々まで行き渡ります。

バスタイムは、疲れた心と身体をほぐしてくれる場所

バスタイムを快適にして、イライラした心を落ちつけたり、ぐっすり眠れる身体を作りましょう。アロマオイルをバスタブに数滴入れて、温めたタオルを目にのせてゆっくりお風呂に浸かる……それに加え、好きな音楽をかけて最高の空間に。好きな香りと好きな音楽で心も身体もほぐれ、リフレッシュ&リラックスできます。

お風呂上がりはリラックスタイムと決める！

お風呂上がりは眠りにつくまでの大事な時間。良い睡眠をとるための準備をしましょう。快適で清潔な寝具・肌触りの良いタオル・香り・音楽……部屋の明かりを少し暗くし、心を落ち着かせましょう。ベッドでのゆるいストレッチで今日の疲れを今日のうちに解放。リラックスした状態で眠りにつけば翌朝すっきり目覚められます。

深呼吸をして新鮮な空気を身体に送り込む

仕事や家事で疲れた時、大きく息を吸ってゆっくり吐くと、体全体のコリがほぐれ、ゆったりした気分になります。こうしたリラックス効果は、深呼吸の持つ大きなメリットのひとつなのです。

DAY 14

くるぶしを細かくケアすることと
つま先で数字を描くことで
超美脚になる

ついに最終日！ くるぶしには体の状態を示す反射区が多数あり、細かくケアすると血液の巡りが良くなり、全身に良い効果があります。また、つま先で数字やアルファベットを描くことにより、脚全体の筋肉をまんべんなく使うことができます。

memo

1ポーズめ

くっきりくるぶしで足元美人に！

DAY 14

骨のまわりには老廃物が溜まりやすいのでしっかり丁寧に行いましょう。
くるぶしの周辺は上半身リンパ下半身リンパの反射区があるのでしっかり押しましょう。
特にアキレス腱周辺は脚のむくみがある場合痛みがありますがゆっくりほぐしましょう。

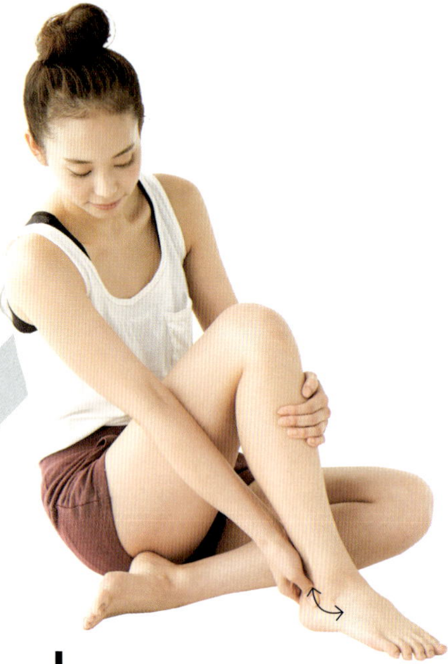

1.

外側のくるぶしには下半身リンパの反射区

外側のくるぶしには下半身のリンパの反射区があります。くるぶしまわりは親指の腹でくるくるなぞり、下半身も巡りを良くしましょう。

2.

外側のかかとには子宮（前立腺）の反射区

親指の腹を使って、かかとの三角地帯をほぐし、くるぶしまわりは親指の腹でくるくるなぞりましょう。

Check
- □ くるぶしまわりで痛いところはゆっくりとほぐしていきましょう
- □ 健康な人のくるぶしはくっきり輪郭が浮き出ています
- □ くるぶしの上を指で挟み、アキレス腱に沿って揉み上げましょう

× 左右10セット

3.

内側のくるぶしには上半身リンパの反射区

内側のくるぶしには上半身のリンパの反射区があります。くるぶしまわりは親指の腹でくるくるなぞり、上半身も巡りを良くしましょう。

4.

内側のかかとには卵巣（睾丸）の反射区

親指の腹を使って、かかとの三角地帯をほぐし、くるぶしまわりは親指の腹でくるくるなぞりましょう。

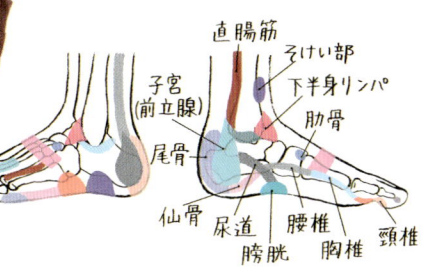

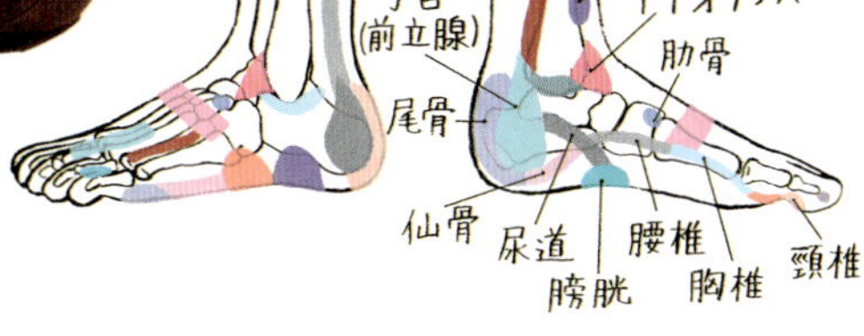

2ポーズめ

脚のたるみを引き締めて、美脚に仕上げる！

DAY 14

1～9の数字をつま先で書く！ それだけでまっすぐキレイな脚が手に入ります！

1. ウォーミングアップスタート！

姿勢を正して脚を高く上げ、
足踏みをします。

脚を高くあげてウォーミングアップ！

2. つま先で1～9までの数字を描こう！

バランスをとりながら片脚で立ち、つま先で1～9までしっかり描きましょう。

Check

- □ 前のめりにならないようにしっかりバランスをとりましょう
- □ つま先で数字を描きますが、脚全体を動かしましょう
- □ 慣れてきたらアルファベットを描いてみましょう

× 10セット

3.

反対の脚でも1〜9！

もう片方の脚で1〜9まで描きましょう。

簡単にできるようになったらa〜zにTRYしましょう！

4.

脚全体をしっかり動かします

つま先で描くのですが脚全体をしっかり動かせるので関節や筋肉にもアプローチができます。

DIET COLUMN

— 015 —

スカルプケア（頭皮ケア）ってすごい！

スカルプケアがデトックスの近道！ 頭皮の下は自律神経が張り巡らされています。頭皮をマッサージすると血管を収縮させる交感神経と血管を弛緩させる副交感神経が交互に刺激されます。すると血管の収縮と弛緩が繰り返されて血流量が増え、体内に溜まっていた毒素・老廃物が流れやすくなるのです。 自律神経のバランスが整えば新陳代謝も良くなり、美容や健康にも嬉しい効果がたくさんあります。

毛穴の汚れが浮き出し、頭皮がやわらかくなりますので抜け毛が減り、育髪効果もアップします。髪の毛を洗うのではなく、指の腹を使って頭皮を揉みながら洗う感覚で！

シャンプーしながらヘッドマッサージ！

1. 後ろの首元の生え際から頭頂部に向かって指の腹を使ってクルクル動かしながら頭皮を洗いながらマッサージ。
2. 指の腹でジグザグに動かして頭皮全体をマッサージ。
3. 手の平を使ってさすり上げましょう。手の平で両サイドから絞るようなイメージで。

入浴後に頭皮に化粧水をつけてタッピング

顔の皮膚と同じように頭皮にも化粧水を！ 頭皮がやわらかくなるとフェイスラインもすっきり！ 顔のシワを改善してくれるのも嬉しいですね。

1. 頭全体を指の腹を使い、まんべんなく押します。
2. 手の平の下を使って軽く叩きましょう。
3. 首から肩にかけて手の側面を使ってトントン叩きましょう。

DAY 15~

2週間レシピを終えてから意識したいことリスト

2週間のダイエットレシピ、お疲れ様でした。2週間前の自分とどう変わりましたか？ この章では、せっかく変わった身体をキープするための心構えとアドバイスをお伝えします。

memo

01.

1日3分だけでも続ければ
「燃やせる」身体に変わる！

２週間レシピを終え、眠っていた筋肉を呼び起こすことができ、身体が変化し、身体の軽さを感じることができたはず。マッサージとエクササイズを毎日続けることで身体の軸である骨格が整い、質の良い筋肉を作ることができたかと思います。

質の良い筋肉を作ることで「代謝アップ」でき、冷え性や肩コリ、腰痛、また肌の調子が良くなります。この２週間で「良質な筋肉」を作り、「代謝アップ」できたと思います。**今のこの状態をキープするために、ぜひ今後も１日３分は意識的「マッサージ」と「ストレッチ」をする習慣**をつけてください。２週間レシピの中で気持ち良かったもの、効果を感じられたもの、どれでもＯＫです。

血液が身体に行き渡り、酸素が細胞まで届くと、その結果、脂肪が燃えやすく、代謝アップした巡る身体をキープできます。そして何より良質な筋肉が作れると自然と身体を動かしたくなるはず。

これを機に今までＴＲＹできなかったスポーツに挑戦するのもオススメです。この２週間で自分の身体と向き合うことができるようになり、より目標が立てられるようになったはず。もう一度１日目から２週間レシピを始めて、より美ＢＯＤＹを極めていただけたら嬉しいです。

02.

食べないダイエットでは美しくやせられない!!

ダイエットは〝体重を減らす〟のではなく〝健康的に美しくやせる〟ことです。そのためにはバランスの良い食事が不可欠！

私はどんなに忙しくても自炊しています。やはり**栄養のバランスが調整しやすいので食事のほとんどが和食です。**

和食は煮る・焼く・蒸すなどのシンプルな調理法で旬の素材そのままのおいしさを活かすことができます。基本は一汁三菜。一汁は汁物で、豆腐や野菜をたっぷり入れたお味噌汁、三菜は魚や肉などの主菜と煮物やおひたしなど副菜を2品作ります。

そして大切なのは意識的にたんぱく質をとること。赤身の肉・魚・卵・大豆などのアミノ酸スコアの高い食品を3食ともに必ず食べるように心掛けましょう。たんぱく質は美肌効果もありますし、筋肉の基となり、代謝UP、免疫力UP、集中力UPも期待できます。**たんぱく質を簡単に摂るのにオススメなのがお味噌汁。**お味噌は大豆たんぱく&微生物発酵のおかげで、内臓も強化され、肌のハリや美しさまで手に入り、病気予防にもなるので超〜万能調味料なのです。また、食事は**腹八分目を意識して**内臓にも優しい食生活を心がけてください。

０３.

姿勢を正して、ゆがみの少ない身体を意識的にキープできるようにしましょう

今回の２週間レシピを通し、姿勢を正すことがいかに大切かを理解いただけたと思います。日々の生活で正しい姿勢を意識するだけでも身体は変わります。そして姿勢とともに身体を常にチェックする習慣も身につけましょう！

そこで今日からは、毎日、肩甲骨や肩関節、股関節、手首、足首を丁寧に動かして、可動域がどのくらいあるのかチェックして下さい。ゆがみの少ない身体は関節の可動域が広く、スムーズなのに対し、ゆがみのある身体は関節を動かしている時に引っかかる部分や動かしにくい部分などがあります。

この２週間で関節をリセットし、正しい位置に戻すことができているので、毎日チェックすることを習慣にできれば、ゆがみが生じた時に関節の動きでゆがみを簡単に見つけることができます。そしてゆがみを最小限に抑えることができれば、血液の流れが良くなり、リンパの流れも促進され……常にデトックスができた美ＢＯＤＹでい続けることができるのです。

04.

体型をキープするための
5つの約束

1 発汗＆代謝で水はけの良い身体に！

自分にあった水分摂取量を見極めましょう。適度に身体を動かす習慣をつけ、筋肉を目覚めさせ、代謝アップを意識しましょう。身体に老廃物や水分を溜め込まないことが大切！

2 気持ちの良いストレッチやエクササイズを

気持ちが良く、リフレッシュできるストレッチやエクササイズを探しましょう。回数にこだわらず「気持ちいい！」「効いてる」と感じることが大切！

3 おなかを揉んで腸活しよう！

毎朝ベッドで腸を揉むとお腹が温かくなり、便通も良くなります。硬くなっている部分はゆっくり円を描くように押し、ゆっくりゆるめましょう。おなかにはリンパもあるので、刺激することでリンパの流れが良くなります。

4 姿勢と歩き方に気を付ける

常に姿勢を正すように意識しましょう。太ももをまっすぐ上に上げて歩くように心がけ、重心移動は足底を中華鍋の様に丸く使うようなイメージで！重心をかかとから、土踏まずを迂回して、親指、中指へと移動させると足への負担が軽減します

5 究極の戒めのアイテム＝デニムを活用する

デニムが似合う女性でい続けましょう。デニムは体型の変化を決して許してくれない冷静なアイテムなのをご存知ですか？体重は増えていないのに体型の変化や骨盤のゆがみなどによって肉のつき方が変わるとデニムは途端にきつくなってしまいます。時々、デニムをはいて体型チェックをしましょう！

みなさん、2週間おつかれさまでした。2週間レシピを終え、目標とした自分に少しでも近付けましたでしょうか？自分の身体を知ることができた2週間になっていれば、とても嬉しいです。

私はボディメンテナンス・セラピストとして身体のバランスを整え、リンパや血液・気の流れを調整する仕事をしています。そして美脚トレーナーとして「美しい脚」になれる研究をしています。

この2週間レシピでは、私の今までの経験、セラピストとしての活動を通し、研究を重ね、編み出したダイエットメソッドの中からより効果的な組み合わせを紹介しています。

「マッサージ」「ストレッチ」「エクササイズ」は自分の身体と向き合い、正しい姿勢、正しいやり方を理解して行わなければ結果は出ません。また身体の土台である「足」を整えることから始めることで、一時的な効果ではなく、根本から身体を整えることができるのです。

2週間レシピを行うことで、毎日身体を動かすことが生活の一部になってもらえたと思います。気持ち良いマッサージもあれば、痛みを伴うマッサージもあったと思います。また、最初は出来なかったエクササイズも日に日に関節や筋肉がやわらかくなることでスムーズに行えるようになったと思います。

この2週間で確実に身体は変わっています。今、みなさんの身体の中はデトックスされ、骨格は正しい位置に戻り、今まで使えていなかった筋肉も動かせるようになっています。その結果、全身が引き締まり、リンパや血液の流れが整い、ボディラインが整っているのです。この

2週間をきっかけにこの効果を持続させ、よりブラッシュアップしていただきたいと思います。

健康で美しいボディでい続けるために大切なのは、「正しい知識」と「意識」と「継続」なのです。ぜひ本書「脚からみるみるやせる2週間レシピ」を毎日のセルフケアに役立てていただきたいと思います。

私は今後も女性が毎日楽しく、充実した毎日を過ごせるように、身体の悩みや不調を改善し、正しい知識をお伝えできるような活動をしていきたいと思っています。

これまでにお世話になった師匠や諸先輩、また開業当時から通ってくださっているお客様、私の活動をサポートしてくださる皆様、色々な方とのご縁に支えられ、今の私があると思います。

さらには今回の出版に際し、出版社、製作に関わってくださったスタッフの皆様、そして私の大切な家族、亡き父、皆様に感謝申し上げます。

久 優子

STAFF

photo：吉岡真理

styling：山本悦子

hair & make-up：Sai[LUGAR]

illustration：chinatsu

model：依吹 怜 [NMT inc.]

design：月足智子

edit：小寺智子

久 優子
YUKO HISASHI

美脚トレーナー
ボディメンテナンスサロン
「美・Conscious 〜カラダ職人〜」代表

1974 年東京生まれ。脚のパーツモデルを経てホリスティック医学の第一人者である帯津良一医師に師事。予防医学健康美協会・日本リンパセラピスト協会・日本痩身医学協会で認定を受け講師としても活動。その後の様々な分野で独自の研究を重ね、独自のボディメンテナンスメソッドを確立。マイナス15kg のダイエットに成功した経験を生かし、「足首」のケアをもとに「足首〜関節をやわらかくすることからからだを整える」美メソッドを考案。サロンは開業当時から完全紹介制。美脚作りはもちろん体のバランスを整える駆け込みサロンとして有名人のファンも多い。著書に『1日3分！ 足首まわしで下半身がみるみるヤセる』(PHP 研究所) がある。
http://www.yhbody.com
http://ameblo.jp/yhbody/

モデル衣装／すべてスタイリスト私物

脚からみるみるやせる 2 週間レシピ

2016 年 6 月 13 日 第 1 刷発行
2016 年 12 月 31 日 第 5 刷発行

著者　久優子
発行人　蓮見清一
発行所　株式会社 宝島社
〒 102-8388
東京都千代田区一番町 25 番地
電話　編集：03-3239-0926 営業：03-3234-4621
http://tkj.jp
振替 00170-1-170829 (株) 宝島社
印刷・製本　図書印刷株式会社

ISBN 978-4-8002-5543-3